萨满文化研究丛书

孟慧英 主编

达斡尔族萨满教研究

THE STUDY OF SHAMANISM DAUR

孟盛彬　著

社会科学文献出版社
SOCIAL SCIENCES ACADEMIC PRESS (CHINA)

前　言

国家社科基金项目"国外萨满教研究的历史与发展现状"于2010年立项，课题主持人为孟慧英研究员，课题预计完成时间为2015年12月，课题的最终研究成果为专著一部。这套丛书原则上属于这个国家课题的子项目，它们主要是由孟慧英和她的博士生及博士后完成的。

西方人很早就发现了萨满教现象并零散地记录了它的一些情况。但比较集中的记载大约发生在500年前。从那时开始萨满教就处于被自身文化之外的人们的猜测、理解和研究之中。总结萨满教被"他者"不断展示的历史，特别是300年来国外萨满教的研究历史，任务是很艰巨的。

16世纪，当欧洲人进入美洲大陆，他们发现那里的奇特信仰使土著人拒绝关于上帝的认识；17世纪，俄国人占领了西伯利亚，他们同样发现那里的人们有与精灵沟通的习俗。到了18世纪的启蒙时代，欧洲人开始用"客观"的眼光理性地理解萨满教，他们想通过萨满教了解人类理性进步的过程，把萨满教看作是一种欺骗表演。19世纪宗教学、人类学、民族学的研究开始出现，人们把信仰萨满教的族群称作"野蛮""原始"人群，处在社会发展的低级阶段，由此萨满教也就被等同于原始宗教。到了 20 世纪，随着调查的深入和材料的积累，作为"人类进化低级阶段"代表的萨满教这种看法逐渐被更多的事实所质疑。1951 年著名的萨满教专家伊利亚德出版了《萨满教：古老的入迷技术》一书，全面评述了世界上百余个族群里的萨满教仪式、世界观、象征系统等，强调了萨满教的古老性和一般功能性，进而将萨满教的历史性和功能性之间的矛盾进行了化解。20 世纪萨满教考察的方法也发生了改变，参与调查成为潮流，地方知识开始受到重视，研究者开始从信仰群体的主观方面理解萨满教。20 世纪 60 年代一些西方调查者在墨西哥等地发现可致人迷幻的植物，认为这些植物与萨满的那种与现实世界分离的昏迷状态有关，由此逐渐引起了关于萨满昏迷术的科学解释兴趣。科学家开始采访萨满，询问他们对于那些植物的知识；调查者也把萨满关于自然、植物的知识作为对象进行深入访谈。科学界的这种兴趣导致了新萨满教与核心萨满教运动的产生，它发生在美国，现在已经扩展到全世界，进而成为萨满教研究方面的一个主题。在 20 世纪的最后三十年，探讨萨满教的文本超过了历史上的任何时期。萨满们开始自己写作，这些著作导致人们对于人类精神的探索，以及对于人类心理的深入理解。萨满教关于身、心医疗的知识，作为人类文化遗产被研究者发掘，人们希望从中得到自我疗理身心的技术和能力。关于萨满教的医学和心理学的解释是当代科学家突出努力的方向，这方面的著作已经超出关于萨满教的历史和文化的解释。与此同时，世界各地的萨满也非常活跃。萨满们并非与科学家的设想一致，其中最重要的区别在于他们关于世界基本性质的看法不同。科学家认为萨满们相信的东西来自心理问题和现实矛盾，信仰由于这些问题而存在；而萨满们则相信精灵。

在萨满教如此漫长的考察和研究的历史中，各种专门性的著作不胜枚举，所涉及的族群所在的国家和地区范围十分广阔，研究的领域宽广，学术派别很多。我们的讨论只能集中在萨满教发展的阶段性特点上面，我们将按照萨满教研究进展的时间脉络逐步展开，不但要梳理各个发展阶段的理论脉络和发展特点，还要介绍这个阶段中突出的理论观点和代表性人物。同时还将对国际热点研究领域和研究对象进行系统说明。本课题争取从综合、系统的角度为学术界提供所需要的学术信息和学术理解。这样一个系统工程无疑是空前的，重要的，也是艰巨的。

我们将根据"历史与逻辑相统一"的原则来理解西方人对于萨满教的研究历史与理论方法。因为不论是萨满教展示还是萨满教研究，它都被关注它的人放到他们自己的历史生活环境和社会政治、思想取向当中进行理解，他们说明的萨满教并非萨满教自身，而是他们理解的萨满教。因此，我们只有在广阔的世界历史、社会、思想潮流的背景下，特别是在西方社会历史环境中的科学、宗教学、人类学等学科发展的背景下，才能深入地理解关于萨满教的各种解释。因此我们尊重历史文献，对这些文献进行大量的翻译，以此为基础开展研究。同时我们重视不同历史阶段的思想潮流以及这些潮流对于萨满教研究的影响，特别重视对各种潮流的代表人物研究，并依据这一研究说明萨满教研究史的阶段性特点。同时我们也注重对于萨满教自身传统知识的理解，由于条件限制，课题组成员只能在国内进行萨满文化考察研究，这样的考察便于加强对于萨满教的理解。

本项课题的意义主要在于以下几个方面：

（1）关于萨满教的最初研究和基本的理论建构来自国外。在西方，萨满教的研究已经进行了几百年。但我们对此知之甚少。直到现在，我国对于国外萨满教研究的介绍十分稀少，更不要说系统地阐述了。本课题力图改变这种严重的学术滞缓现象，为此，拟对国外萨满教研究的历史和发展现状进行系统的梳理和综合的介绍，补充我们还不熟悉的大量知识，以填补这个学术空白。

（2）国外的萨满教研究始终处于西方社会思想潮流的发展之中，特别是处在西方宗教学的发展范畴之内。因此，本课题所涉及的问题不仅是萨满教自身的问题，也涉及西方宗教研究的思想潮流的不同阶段特点，涉及宗教学术的热点问题。本课题从萨满教的视角反映西方宗教研究的发展脉络，对于整个学科知识的进一步完备是很有意义的。

（3）萨满教研究始终围绕宗教的初始现象，从不同方面探讨了人类的宗教倾向问题。因此，深入进行萨满教研究对于理解中国这种以民俗性宗教生活为特点的文化传统将有所帮助，有利于我们提高对于现实民间信仰问题的认识和把握。

本项课题的主要思路和重点内容包括：

（1）萨满教研究的初期阶段及其特点。在早期记录中，萨满经常被妖魔化、骗子化，把他们说成是黑暗、邪恶力量的仆人。我们将在基督教世界对待巫术的传统上，启蒙主义的理性立场上分析这种看法形成的原因。我们还要分析在宗教学作为世俗科学门类刚刚发展起来的时候，关于萨满教是不是宗教，是怎样的宗教的争论。

（2）萨满的心理学探索阶段。早期各种关于疯狂萨满的记录导致很多学者通过现代医学、心理学、精神病学的视角来定义萨满教。为什么萨满教与精神病天生地联系在一起？许多学者提出：北极地区的极地气候、单调环境、贫困生活、贫乏思想、季节性的压力等，造成北方土著人极端焦虑和精神压力的恶性循环。因此歇斯底里不仅是萨满精神的特点，也是当地土著民族的精神特点。对萨满癔症观点比较早地提出挑战的是史禄国（Shirokogoroff），他认为，萨满是健康的，不是精神错乱。

在这个阶段文化人格学派提出很多理论思路，他们从文化因素对人格形成和发展的影响方面进行了说明。在 20 世纪后期，西方心理学着重探讨了萨满入迷的生理机制，并提出萨满入迷作为普遍的宗教元素在各种宗教中的保留是由于它控制自我意识的超越性能力，这种能力对于人类潜能的发挥具有启发性。本研究将全面总结这个领域的研究特点和发展脉络。

（3）普遍化的萨满教阶段。米·伊利亚德（Mircea Eliade）在他的萨满教权威著作《萨满教——古老的入迷技术》里提出：萨满教 = 入迷技术。伊利亚德认为在世界所有早期人类群体中都允许人们直接与神圣联系，萨满教属于这种古代的原始精神。伊利亚德把入迷、天界飞行、多层宇宙、宇宙核心（宇宙树）这样的概念作为全球萨满教的支柱，把它们作为人类宗教最古老的原型。伊利亚德的著作打开了萨满教研究的学术视野，他在不同的时间和空间的古老文化传统中去说明哪些属于萨满教现象，并在不同的传统和社会变化中发现萨满教的变迁。在他的影响下，学者们在世界各地都发现了伊利亚德所说的那种萨满教，出版了大批著作。由于伊利亚德把萨满教存在的时间限制打破了，萨满教古老的原型为考古学提供了参照。他的"入迷"技术，后来被西方人个人化的现代萨满教所实践。这个阶段除了伊利亚德之外还有瑞典的萨满教学者阿·胡特科兰兹（Ake Hultkrantz）、匈牙利学者 V. 迪奥塞吉（Vilmos Dioszegi）等著名学者，他们与伊利亚德观点接近，但是对他的某些方面进行了批评和重要修正。

（4）理想化的新萨满教阶段。20 世纪 60 年代以来的现代萨满教起初来自一种要帮助西北海岸印第安人恢复他们传统、给予他们生活以意义的思想潮流（这种潮流后来成为赚钱的商业活动），后来它与来自加利福尼亚的嬉皮士运动混合，这种运动想借用外来的、原始的文化反对自己社会的现代化，特别追求以神秘的昏迷技术或使用致幻剂回归人类起初的本性。人们到印第安人那里寻找和毒品一样可以致幻的神圣的蘑菇致幻药物，当现代西方人经历了和萨满一样的幻觉之后，萨满与毒品的心理学、精神医学的研究成为时尚。西方核心萨满教的创始人、人类学者麦克·哈涅（Michael Harner）在美国建立了萨满研究中心和萨满研究基金会。这个中心还在美国、加拿大、丹麦、英国、日本、澳大利亚及欧洲拥有千余名会员，并设有分部。萨满教由被研究、被检验的对象，变成被推崇、被经验的现象。但西方人并非想把他们自己和土著的文化仪式真的联系起来，他们是在其中提取最理想的普遍性东西和那些吸引人的东西，来创造一种理想的萨满教。他们把萨满教转化为一种完全的个人实践，让人们去分享这种古代智慧。我们从中看到的是一种萨满教传统的进化。

（5）国外萨满教的现实状况。近三十年来，世界各地原先信仰萨满教的土著民族对于萨满教的兴趣苏醒，在文化权力的政治语境下这些民族对萨满教带着浓重的族群认同和文化骄傲，用各种方式把它带进组织化的群体运动或文化市场。一个被改造了的萨满教传统不但在新萨满教那里出现，也在土著社会出现。研究者在努力发现这个再造过程所采用的方法和它的目的。

现在的萨满教人类学研究也在发展。这种研究在理论上对伊利亚德跨文化的和先验的萨满教观点和方法进行批判，因为它不适合后现代的思想潮流。现在很多人类学者怀疑一切文化原型和跨文化的概括，强调萨满教归属于某些社会类型和文化类型。因此有的学者将萨满教（sha-manism）的单数变成复数（shamanisms），借以说明萨满教的多样性和时空限制性。他们把自己局限在特殊的文化上，把代替土著讲述他们自己的传统作为责任。同时以往的心理学研究也使学者充分注意到萨满教心理学表现方面的人类共通性。如何在文化历史语境和人类共同心理两个领域讨论萨满教的类型及其变化仍旧是在不断探索的问题。大多数学者认为，萨满教研究中比较的原则必不可少，但不能离开对不同的语境中萨满教丰富性的深刻理解。

本研究的突出之处在于，它是在整个国际研究的背景中说明萨满教这个领域所发生的重要事件和重大理论进展，这对于目前萨满教学术界来说是一次全新的总结。同时这个工作也是在中国学者已经有了 30 多年对国内萨满教研究的基础上进行的，具有中国特色的理论思考会给国际学术带来新鲜的信息和新生的血液。

要完成上述的课题设计我们必须从资料翻译、专题研究、区域研究等具体而繁重的工作开始。我的这些博士们每个人都完成了数十万字的资料翻译工作，在此基础上，他们分别将萨米人的萨满文化变迁、北美印第安人萨满教的特点、西伯利亚萨满教研究、作为文化遗产的萨满教传统复兴、西方现代萨满教研究、史禄国对通古斯萨满教研究的特点与贡献等作为博士论文选题，并出色地完成了自己的著作。同时由于大多数学生初次接触萨满教，他们除了需要掌握这个学科的基本知识、理论外，更需要亲身去调查实践。为此，我带领他们深入到满族、达斡尔族等民族，对当下的萨满教活动进行考察，并把每次考察结果写成调查报告。所以这套丛书也包括他们的实地调查成果。无论是对国外不同民族、不同区域、不同时代，乃至不同学者的具体研究，还是对中国当下萨满文化活动的实地考察，都是这个项目不可分割的部分，因为这些阶段性成果无论在提供必要的学科知识上，还是在问题的深入理解上都提供了十分重要的学术信息，这些将在资料上、理解上为完成整个课题提供基础。

我们把这套丛书献给大家，它们既是我们辛苦的结晶，也是我们学习的初步成果。在对国外萨满教的系统研究上，我们刚刚起步，不足之处在所难免。我们之所以不揣浅陋，是希望此举可能促进学术进展，这套丛书在此实为抛砖引玉，或做铺路石，我们盼望未来有更好、更有价值的学术成果出现。

孟慧英于北京

2013 年 6 月 20 日

摘　要

　　本书是一项基于具体地区、具体民族的研究，通过探析达斡尔族萨满教具体形态和内容，来把握历史上萨满教发展的基本脉络。通过萨满与社会群体关系的展示与分析，剖析萨满教与达斡尔族传统社会结构的内在联系，还原与重构萨满对人们日常生活的影响及其发挥的积极作用，进而针对现代化进程中人口较少民族在文化变迁、文化冲突中出现的问题，探寻民族地区各种社会问题的症结所在。

　　绪论部分首先阐述了文化的界定，为下面要进行的达斡尔族萨满教习俗文化研究设定基本理论框架，此外还对选题的缘起及其意义、国内外的研究动态、研究思路和方法逐一进行了介绍。

　　第一章：对达斡尔族历史源流、分布状况和萨满教基本内容作了综述性的介绍。达斡尔族源于辽代北迁的契丹人，族称"达斡尔"，可解析为"大部族"，是契丹大部族与当地各民族在抗击外来侵略中逐渐形成的一个新民族共同体。本章以语言变迁、语言接触作为主要线索，探寻历史上达斡尔族社会文化发展情况。

　　根据达斡尔族分布地域的不同划分出 5 个社会群体，分别是布特哈群体、齐齐哈尔群体、海拉尔群体、新疆群体、瑷珲群体。

萨满教以自然万物为神灵，众神皆平等，是森林民族在长期的狩猎生活中孕育出的一种自然宗教，氏族社会、公有制经济是其赖以存在和发展的基础。萨满在古代达斡尔族社会生活中扮演了重要的角色，只有通过他才能完成人、鬼、神之间的交流。供奉的诸多神灵各有分工，在各自的领域内发挥着具体的职能。

第二章：对"萨满"含义的正确解读，对了解萨满教的起源、功能都具有重要的意义。达斡尔人的巫师不管男、女都称为"雅德根"，达斡尔语"雅德根"的含义应为"预言者"或"占卜者"。

萨满的特质是常人所不具备的，要成为萨满还要承受从精神到身体的各种折磨。生态环境、生活方式造就了萨满的精神特质，拥有这些特性的人经过萨满师傅的引导、培训，才能正式被认定为萨满。萨满的传承有世袭和非世袭两种，传承方式主要有神灵托梦和通过自身灵感两种形式。人们相信萨满能够死而复生，因此关于萨满的死亡就笼罩上了几分神秘的色彩，通常采用风葬和树葬这些古老的丧葬方式，并且每年都要举行祭祀活动。

本章最后重点介绍了萨满从事的宗教活动，包括医疗仪式、斡米南仪式、洁身祭、验梦占卜等，以及萨满在宗教活动中使用的法器和服饰。

第三章：萨满作为氏族社会的灵魂人物，在社会生活的各个领域都发挥着非常重要的作用。萨满在达斡尔族社会政治结构中的地位大体经历了部落首领、政权合作者、沦为平民这样三个发展演变历程。

萨满教是维系社会秩序的重要力量，通过举行宗教仪式使人们的生活和行为神圣化，是产生道德观念的重要来源；主要表现在基于祖先崇拜的家族婚姻观，基于自然崇拜和动物崇拜的生态观，基于鬼神崇拜的是非善恶观。

第四章：萨满教是达斡尔族固有的宗教信仰，它的历史演变大致经历了古代全盛时期、近现代衰落时期和现当代文化重构时期。新形势下，萨满文化被列入非物质文化遗产的保护范畴，受到来自社会各界的重视。

萨满从事的治疗活动不能一概简单地视为封建迷信而予以全盘否定。萨满在地方性疾病医疗、协调人际关系、调节心理平衡、心理治疗等方面能够发挥积极的作用，它的某些社会功能是现代医学无法替代的。所以，短时间内还不能彻底消除其影响，这是萨满教能够继续存在的重要原因之一。

Abstract

This study is based on specific region and specific ethnic group, which in-
tend to grasp the development of Shamanism in history through the analysis on
forms and content of Daur Shamanism. It is our intention to find out the crux
of the social problems on region inhabited by ethnic groups, through analysis of
the relations between Shaman and social groups, revelation of internal relations
between Shamanism and traditional Daur social structure.

It illustrated the definition of culture, and laid the theoretical framework
for study of customs and culture of Daur Shamanism in Introduction. I also in-
trouduce the background and significance, the overseas and domestic trends,
and the goal and methods of the research.

The first part: Aummeriging the historical origin and the distribution of
Daur, and the basic components of Ahamanism. Daur origins from the Khitans
who moved north community in Liao Dynasty. Daur means large ethnic group,
and formed a new united ethnic community during the process that Khitans and
local ethnic groups defensed from invasion. Language change and language

contact are regarded as main clue to analyse the development of Daur social culture.

According to the differences of geographical distribution, Daur can be divided into five social groups: Butaha group, Qiqihar group, Hailar group, Sinkiang group and Aigun group.

All natural lives are reviewed as gods, and equal in Shamanism. Shamanism is a natural religion that came from the nation for forest hunting, and based on the clan society and public ownership economy. Shaman has played an important role in ancient Daur social life, only he can fulfill the communications within human, ghosts and gods. Different gods have different work and functions.

The second part: Understanding the meaning of Shaman is important to realize the origin and function of Shamanism. All Daur wizards are called yadegen, which means prophet or soothsayer in Daur.

Shaman has special traits influenced by his ecological enviroment and life style. He will suffer from torments mentally and physically if one wants to be a Shaman. Under guaidance and training of Shaman master, he can be accepted as a Shaman. Succession of Shaman follows two different ways—hereditary and non-hereditary, and the two different successive forms are dream and inspiration.

Because people believes that Shaman can revive after death, so the wind burial and The tree burial are usually used for their funeral ceremonies. Each year people holds the ritual activies.

Finally, we focus on introducing come religious activities, such as healing ritual, Aominan ceremony, purifying bath, divination, religious instruments and costumes.

The third part: Shamanism is of importance in various fields as the soul of clan society. Shaman has been in different positions during different periods, who evolved from tribal leaders to cooperator with authorative and ordinary people.

Shamanism is an important power to maitain social order, it is also an important source for moral ideas which sanctified people's life and activity through religious ceremony. This mainly expressed in it's family or marriage view that ancestors worshiped, ecological perspective with nature worship and zoolatry, and virtues and vices based on demonolatry.

The fourth part: Shamanism is Daur inherent religion. It experienced the full bloom period in ancient, the period of declination in mordern time, and the cultural reconstruction period in contemporary age. In current situation, rescue and protection of Shamanism culture have been put in the catogory of Intangible Cultural Heritage, which draw the attention of society. Preparation for museum of Shamanism culture stimulates the development of turism in those areas.

Treatment taken by Shamanism can not be seen as the feudal superstition completely, it has positive function in psychological adjustment of the balance and psychotherapy, and some functions can not be substituted by the mordern medicine, therefore Shamanism can not be eliminated completely in a short time, that is the main reason why Shamanism still survives.

目 录

绪　论

一　文化的界定

界定文化的含义是个饶有兴趣的话题，古往今来，国内外众多学者都给出了自己的解答，但迄今为止还没有被大家完全接受的、公认的定义。对这一现象，如果换一个角度去解读，就不难得到答案，如同世界不同地区、不同民族存在文化上的多样性，世界不同种族对文化都会有自己独特的理解，最后得出的结论自然会有差别。可以说文化是一个没有具体形状，看不见摸不着，而又无时无刻不在左右人们思想行动的意义结构；而与此同时，它又不是静止的，而是不断流动变化且具有无限生机和活力的抽象存在。如果勉强对它进行类比，应该与我国古代哲学意义上对"道"的理解相似。"道可道，非常道；名可名，非常名。无名天地之始，有名万物之母。故常无，欲以观其妙；常有，欲以观其徼。此两者，同出而异名，同谓之玄。玄之又玄，众妙之门。"在此，"道"更多强调的是某种自然法则运行的体系，而"文化"却包含了更多的人

1

为因素。二者有一个共同之处就是"道"和"文化"都是很难概念化、具体化的实在。

按照张岱年、方克立主编的《中国文化概论》一书中的界定：凡是超越本能的、人类有意识地作用于自然界和社会的一切活动及其结果，都属于文化；或者说，"自然的人化"即是文化。① 这是在综合国内外研究成果之后得出的国内最具有代表性的关于文化的界说，下文中将以这个文化概念为基点，探讨达斡尔族萨满教习俗文化所蕴含的丰富内涵，力求真实、准确地反映达斡尔族生活的文化空间。

二 选题缘起及意义

民族是由文化来界定的人们共同体，民族又是文化的载体，民族与文化之间互为因果。各个民族在历史长河中都创造了独有的灿烂文化，这些特殊的文化表现正是一个民族区别于其他民族的重要特征，如果一个民族丧失了特有的文化，那么这个民族就会消失或融化在其他民族之中而不复存在。可见，文化是不能独立于民族之外存在、发展的。

达斡尔族是中国北方具有悠久历史的民族，在17世纪50年代以前，居住在黑龙江上中游的北岸，之后由于受到俄国向东扩张的压力，迁居嫩江流域，主要从事农业生产，同时兼营畜牧业、渔业和狩猎生产。达斡尔族的语言属于阿尔泰语系蒙古语族，主要信仰萨满教。达斡尔族人口较少，且在历史发展过程中形成了大分散、小集中的居住分布格局。根据2010年的统计，达斡尔族总人口为131992人，现散居于祖国各地，

① 张岱年、方克立主编《中国文化概论》，北京师范大学出版社，2004，第3页。

主要聚居区在内蒙古莫力达瓦达斡尔族自治旗、鄂温克族自治旗，黑龙江省齐齐哈尔市梅里斯达斡尔族区和新疆塔城市。

笔者自幼生活在达斡尔族聚居地区，熟悉家乡的风土人情和一草一木。早在学习和了解民族学学科知识之前，便对达斡尔族历史与社会文化有所涉猎，积累了一些知识和研究经验。考入中央民族大学以后，根据专业需要和学科规范，系统学习了民族学的理论与方法，通过学习开阔了视野，拓展了思维空间，对达斡尔族社会现象有了更深入的了解和认识。在学习过程中，发现对达斡尔族的研究大多是以语言学、历史学、文学为切入点，很少从民族学的视角来研究达斡尔族萨满教习俗文化，由此笔者选择"达斡尔族萨满教习俗文化"作为研究方向。

达斡尔族从历史上传承下来特有的生活习俗，而且还在使用着古老的阿尔泰语系语言。达斡尔族社会文化具有鲜明的民族特色，这是达斡尔族人民在长期生产劳动中创造出来的珍贵文化遗产。在当前的新形势下，达斡尔族社会正在经历着前所未有的深刻变革，千百年累积形成的民族传统文化正在逐渐消失或变异，民族文化遗产亟待整理和抢救。因此，记录保存达斡尔族传统文化的诸多形态，完整、系统地阐释达斡尔族的社会文化及其变迁情况是当前紧迫的任务，也是民族学理应关注的重要领域。

萨满教作为人类社会曾经普遍存在的文化现象，如今已成为世界性的研究课题，一直以来都是国际学术界研究的热点。《保护非物质文化遗产公约》对非物质文化遗产的定义，是指被各社区、群体，有时是个人，视为其文化遗产组成部分的各种社会实践、观念表达、表现形式、知识、技能以及相关的工具、实物、手工艺品和文化场所。这种非物质文化遗产世代相传，在各个社区和群体适应周围环境以及与自然和历史的互动中，被不断地再创造，为这些社区和群体提供认同感和持续感，从而增强对文化多样性和人类创造力的尊重。萨满文化作为残留于现代文明世界中少有的原始文化遗存，是构成非物质文化遗产的重要内容。目前萨满文化随着时代的发展，社会的进步，濒临消失，现有从事萨满活动者普遍年事较高，人数较少，而且出现传承的危机。在这种情况下，针对萨满文化进行抢救性的研究已是非常迫切的事情。

本书是一项基于具体地区、具体民族的研究，通过探析达斡尔族萨满教的具体形态和内容，来把握历史上萨满教发展的基本脉络。通过萨满与社会群体关系的展示与分析，剖析萨满教与达斡尔族传统社会结构的内在关联，还原与重构萨满对人们日常生活的影响及其发挥的积极作用，从而厘清在现代背景下神圣与世俗的关系，进而针对现代化进程中，人口较少民族在文化变迁、文化冲突中出现的各种问题，探寻民族地区社会问题的症结所在，并从学科的角度予以阐释和解读。

三 主要研究方法

本书将涉及一些基本的学科理论和方法以及文献档案，出于研究写作的需要，主要立足于民族学的研究方法，结合历史学、语言学的研究方法，从历时、共时的分析角度力图准确解析达斡尔族萨满教的历史与社会文化现象。主要研究方法有：

文献研究法。主要是搜集现有的文献资料，了解前人的研究状况，掌握更加丰富的材料，包括国内外相关著作、论文和地方志资料，在此基础上进行整理、分析和总结，争取通过文献的梳理能够得出科学的结论。

田野调查法。这是民族学最基本的研究方法，为了研究达斡尔族萨满教习俗文化，笔者数次到内蒙古呼伦贝尔市莫力达瓦达斡尔族自治旗、鄂伦春自治旗和鄂温克族自治旗等地进行田野调查。了解当地达斡尔人的生产生活状况，并采访了萨满本人，参与观察他们从事的宗教活动，以及社会群体成员对萨满教的认知和态度。走访了与本项研究相关的单位，如民族博物馆、古籍办、各地达斡尔学会等，对熟悉民族传统文化的学者、老人进行访谈，广泛收集文字、声像、图片等一手资料。

跨学科综合研究法。主要采用语言学、历史学的研究方法来探讨达斡尔族的族源问题以及族称的含义和历史发展源流问题，力争克服前人研究中的不足和局限，对达斡尔族社会文化发展的基本脉络给予尽可能合理的解释。

作者采用社会学、人类学及民族学的相关理论方法探讨达斡尔族萨满教与其社会历史发展进程的内在关联，通过对达斡尔族社会文化的深入挖掘，把萨满教放在特定的社会文化背景之下，对萨满教产生、发展、衰落、重构的轮廓做一个勾勒，分析和解释达斡尔族萨满教习俗文化特有的精神内涵。

四　相关研究动态

历史上，清朝光绪年间曾派专员调查过达斡尔族的族源问题，做过一些记述。清朝末年民国时期，还有外国学者曾对达斡尔族的语言和社会生活进行多次调查研究，如日本人池尻登所著的《达斡尔族》，俄国人鲍培 1930 年在列宁格勒出版的《达斡尔语方言》和伊万诺夫 1894 年在圣彼得堡出版的《索伦达呼尔文范例》等著作。我国学者也对达斡尔族族源、社会状况、语言、风俗等问题作过可贵的记录和研究，如华灵阿完成于清朝道光年间的《达斡尔索伦源流考》，1926 年郭克兴《黑龙江乡土录》的出版，1931 年孟定恭的《布特哈志略》由辽海书社出版印行，阿勒坦噶塔所著的《达斡尔蒙古考》1933 年由奉天关东印书馆印刷发行，以及钦同普的《达斡尔民族志稿》等。

新中国成立以后，对达斡尔族的研究工作才得以广泛深入地开展，其中，以 1953 年在国家民委领导下展开的民族调查识别工作最具标志意义。调查组由傅乐焕、林耀华、王辅仁、阿勇绰克图、陈雪白组成，并有历史学家陈述和语言学家王静如配合参与达斡尔族族源和语言系属的专题研究。调查工作形成如下调查报告和专题研究文章：傅乐焕的《关于达呼尔的民族成分识别问题》，王静如的《关于达呼尔语言问题的初步意见》，林耀华、王辅仁、阿勇绰克图的《达呼尔氏族、亲属和风俗习惯的调查报告》，陈述的《关于达呼尔族的来源》，傅乐焕的《关于"萨吉尔迪汗"和"根特木尔"的资料》等。但上述调查研究中都很少涉及达斡尔族宗教信仰领域的探讨和研究。

中国学者对萨满教的调查始于 20 世纪 30 年代初，这一时期具有代表性的著作是凌纯声的《松花江下游的赫哲族》一书，书中对赫哲族的萨满文化有较详细的考察。从 50 年代开始的全国少数民族社会历史调查工作，在考察东北各民族历史社会文化现象的同时，也特别关注了这些民族中普遍存在的萨满教现象。由于受当时意识形态的限制，萨满教的调查研究大都依附于当时的社会历史调查，并不深入，因而没有引起当时学界足够的重视。

到了 80 年代，中国社会科学院民族所组织学有专长、卓有成就的专家学者运用宗教学、民族学、历史学、考古学的理论体系对萨满教进行了多视角多层次的分析和阐述，率先在我国萨满教研究领域中作出了重要的、开拓性的、基础性的研究成果，即秋浦主编的《萨满教研究》一书。这部著作出版的意义在于率先打破了这一领域的"禁区"，为后来者开创了先例。作为国内第一部系统全面研究萨满教的著作，该书对萨满教多从宏观的角度给予概括，没有针对具体个案的详细分析和研究。

自90年代开始，国内学界出现了萨满教研究的热潮，涌现出一批萨满教研究者，学者们对北方民族濒于失散的萨满文化进行了艰苦细致的调查和研究，取得了丰硕的研究成果，积累了丰富的实践经验和考古学材料。其中具有代表性的成果有富育光的《萨满论》，刘小萌、定宜庄的《萨满教与东北民族》，孟慧英的《中国北方民族萨满教》，色音的《东北亚萨满教》，郭淑云的《原始活态文化：萨满教透视》等，表现出将学术理论与实地调查相结合的趋向，将西方的宗教学、文化人类学、社会学、心理学的最新研究成果与中国萨满教研究相结合，在已有的研究基础上，做进一步的理论探讨，并在实地调查中挖掘整理出很多萨满教的新材料，进一步拓展和深化了萨满教研究。但以上成果对北方民族萨满文化的调查研究大多表现为宏观角度的把握，采用大范围、短时间的调查形式，没有对固定区域做深入的、长期的调查研究。

吕萍、邱时遇的《达斡尔族萨满文化传承》一书是国内第一部专门研究达斡尔族萨满教的著作，该书是作者在长期实地调查基础上结合东北各民族萨满教历史资料撰写而成，对萨满本人和举行的宗教仪式、神器、服饰、神歌以及传承情况作了详尽的描述，书中有大量珍贵的图片和翔实的资料，具有较高的学术价值。但书中仅限于对萨满本人情况的描述，对萨满教与达斡尔族历史、社会的关系没有展开论述，也缺乏理论方面的把握。

丁石庆、赛音塔娜编著的《达斡尔族萨满文化遗存调查》从不同角度对达斡尔族萨满文化背景、历史上的萨满及其宗教活动、萨满教的观念及其崇拜对象、萨满教与达斡尔族民俗、达斡尔族文学艺术等几个方面进行了记录和研究，还有达斡尔族萨满文化传承人斯琴挂、沃菊芬等人所从事的宗教仪式和生活情况都有翔实的调查纪实。

萨敏娜、吴凤玲、李楠、郑琼、孟慧英等人撰写的《达斡尔族斡米南文化的观察与思考——以沃菊芬的仪式为例》是基于研究团队对沃菊芬萨满在莫力达瓦达斡尔族自治旗所举行斡米南仪式的民族志研究，对达斡尔族萨满斡米南仪式的基本面貌进行了完整呈现。此书根据参与观察所得到的结果进行了理论分析和深度思考，从斡米南仪式在达斡尔族各种仪式中的特殊性和当代斡米南仪式的生存语境及其功能几个方面进行了解读，对萨满研究成果相对丰富而学术考察报告不多的现状做了一个有益的补充，可以弥补一些这方面的缺憾。

近几年，斯琴挂等达斡尔族萨满的出现，引起了国外的关注，他们纷纷前往达斡尔族聚居区进行实地考察，发表多篇考察报告和论文，如匈牙利学者霍帕尔的《斯琴挂萨满的斡米南仪式》、瑞士学者彼特的《萨满的宗教仪式歌曲》等。上述论文从不同角度对达斡尔族萨满仪式进行了分析和研究。斯琴挂本人既是实践者又是研究者，多次参加国内外萨满学术研讨会。她根据自己的萨满实践和切身体验撰写数篇学术论文，并在各类萨满文化学术论坛上作专题报告，如《我的萨满之路》《我的萨满医疗实践》《关于海拉尔达斡尔萨满祭祀用的神面具——阿巴嘎拉岱》《达斡尔萨满传承点滴谈》等。萨满本人的现身说法很具有说服力，过去萨满研究大多是被"他者"展示、解读的历史，文化持有者的认知与研究者之间的互动交流，可以形成良性的互补关系，有助于推动对萨满研究的深化。斯琴挂系列论文的面世引起很大反响，满足了人们希图通过萨满本人的叙述了解古老而神秘的萨满文化的愿望。

英国利兹大学的达斡尔族学者鄂嫩·乌如恭格与英国人类学家卡洛琳·汉弗莱合作而成的《萨满与长者：达斡尔蒙古人的经验、知识和力量》一书以口述的形式，回忆了20世纪30年代达斡尔族的萨满信仰及相关民族习俗，主要内容包括"我"的青少年时代、生活的村落状况、老年人和萨满、达斡尔族的时空观念、死亡对无生命之物所赋予的生命力、宗教仪式中的男女传统、萨满的权威性、社会生活中的萨满、"我"的人生之路等，是见证达斡尔族社会文化变迁和不同历史时期萨满存在形态的社会生活史方面的研究材料。

国外对萨满教的研究也取得了很高的成就，而且历史久远。早在中国的元朝时期，一些西方学者，如拉施特、鲁不鲁克等就在他们介绍中国的著作中涉及了萨满从事的种种宗教活动。在17世纪中叶，俄罗斯旅行家、传教士首先在西伯利亚地区发现了萨满教，并对它进行了研究，通过他们的介绍，萨满教被西方学术界所接受，由此萨满教成为世界不同原始宗教信仰共有的称谓。西伯利亚地区是萨满教的发源地，较好地保留了萨满教的原生形态。俄国学者在一系列萨满教研究著作中，对萨满教的产生、流传、遗存，萨满的传承、服饰、神器、神歌等方面进行了介绍和分析，为后人研究萨满教打下了基础。著名萨满教研究专家米尔恰·伊利亚德完成于20世纪50年代的《萨满教——古老的昏迷术》，用比较的方法把西伯利亚的萨满教同世界不同地区的其他原始宗教进行比较，发现它们的异同点，从而全面阐述了萨满教的本质特征和表现形式，在国际学术界产生了巨大的反响，推动了世界范围的萨满教研究。

在有关我国东北民族萨满教调查研究领域，俄国和日本的学者也做出了很大的贡献。俄国学者史禄国 20 世纪初在中国东北地区进行了长期扎实的民族学调查研究，先后完成了《通古斯萨满教的基本理论》《北方通古斯的社会组织》等著作，对通古斯萨满教进行了较全面的深入研究，得出通古斯人的萨满教是基于通古斯人不安定的精神活动的结论。日本学者鸟居龙藏在《满蒙古迹考》中附录了大量珍贵的萨满铜镜照片以及与此有关的其他资料。秋叶隆、赤松智城和大间知笃三等人开启了日本学者对我国东北民族萨满教研究的先河，秋叶隆基于实地调查对鄂伦春族的社会构造以及萨满教做出了详细的描述。大间知笃三的《达斡尔族巫考——以海拉尔群体为主要对象》对海拉尔地区达斡尔族萨满教的特异性、氏族性有精辟的论述，对巫装巫具也进行了详细的介绍，并收录了采集到的达斡尔族民间故事。上述著作都对中国东北少数民族地区的宗教与社会作了较深入的研究。

第一章
达斡尔族概况

第一节　达斡尔族历史源流

达斡尔族具有悠久历史，族称"达斡尔"（dahur）是本民族古老的称谓。关于达斡尔族的成文历史，如果按照国内文献所记载，可以上推到清朝初期。最早见于康熙六年（1667）《清实录》中出现的"打虎儿"名称，在清代文献中"达呼尔"是最通用的译写形式，散见于钦定《辽史》《清史稿》《八旗满洲氏族通谱》《满洲源流考》《黑水先民传》等历史典籍中。在20世纪50年代，经过民族识别，确认达斡尔族为单一民族，并根据达斡尔人的要求按照布特哈方言的语音，确定"达斡尔"为族称。俄国方面的文献记载比中国要早，1639年，当沙俄东进势力的先遣部队出现在上卫特木河的时候，他们从当地的爱文奇人处听到"达乌尔"的名字（拉文斯坦《俄罗斯人在黑龙江上》）。但在《蒙古源流》（卷六）中曾记载，大约在明代万历时期，蒙古扎萨克图土们汗东向攻打过珠尔齐特、额里克特、达奇鄂尔三个部落。日本学者和田清经过研究认为其中的达奇鄂尔就是达斡尔，如果这一说法能够成立的话，应该就是我们所知道见于记载的"达斡尔"名称的最早形式。[①]

清朝以前的达斡尔族历史，从现有的研究成果来看还比较模糊，考证研究大都从对音、相似性方面着眼立论，其中也不乏根据社会形势变化的需要主观建构的倾向，这样就很容易造成各执己见、众说纷纭的局面。困扰族源问题的原因主要有：一是没有本民族自己的文字，二是作为确实依据的材料太少，民族的起源以及发展轨迹仅在口口相承的民间传说、神话故事中有零星的反映，缺乏系统的记述。再加上达斡尔族生活地域的不断变迁，使探索族源问题步履维艰，很难深入下去。时至今日，确定族源已成为达斡尔族研究工作中十分棘手的问题，直接影响着达斡尔族历史文化的深入研究和探索。

历史是通过文字记载，以书籍文献的形式世代流传的，所以现代人可以知道几千年以前发生的事情。用文字书写的史书又是语言经过提炼所陈述的内容，是人类思想、行为的外化形式，归根结底民族的历史也就是语言的历史，一个民族的全部生活在其语言中都可以找到特殊的反映。正如苏联历史语言学家阿巴耶夫所说："民族不是属于生物学范畴，而是属于文化历史范畴。显然，不应把民族的起源了解为人的生物繁殖，而应了解为历史上形成的统一和继承。如果那样，民族的起源不仅可以而且必须和语言的起源联系起来。民族起源和语言起源是不可

---

① 傅乐焕：《关于达呼尔的民族成分识别问题》，载中央民族学院研究部编《中国民族问题研究集刊》第 1 辑，1955，第 4 页。

分割的。解决民族起源问题而不考虑到语言，就等于在森林里闭着眼睛寻找道路。"① 笔者在以下的探讨中，将以上述理论为指导，以语言的变迁作为主要线索，以语言为具体的研究手段，通过语言的演变来了解民族文化的发展轨迹，探寻达斡尔族先民走过的历史发展之路。

一 "达斡尔"词源词义考辨

族称作为确定族群边界的象征符号，具有深刻文化内涵，是民族存在认同意识的重要标识。一个民族的族称必经民族全体人员的认可，才能作为民族的象征被世代延续下来，成为该民族语言中最稳定的成分。因此，对族称的释读应是探讨族源问题的有效途径之一。

研究者们在探索中也意识到，探讨族源问题必然要对"达斡尔"一词进行释读。因此，学者运用语言学、历史学、民族学、文字学等不同学科的知识对这一问题从不同角度进行了精密的考证和研究。目前，因探索达斡尔族族源问题而涉及词源词义的文章就达十多篇，讨论的焦点主要集中在以下三个方面：一是"达斡尔"是自称还是他称；二是"达斡尔"是合成词还是单纯词；三是"达斡尔"一词是达斡尔语还是其他民族语言的词语。以前曾认为"达斡尔"是他称，现在对这一问题的回答趋于"达斡尔"是本民族的自称。对于第二个问题，以往大都认为"达斡尔"是单纯词，现在研究者则大多倾向于是合成词。第三个问题更为复杂，也是解决问题的关键所在，学术界主要存在以下五种观点，

① 〔苏〕阿巴耶夫：《语言史和民族史》，李毅夫、阮西湖译，《民族问题译丛》1957 年第 12 期。

认为"达斡尔"是（1）达斡尔语；（2）索伦语；（3）蒙古语；（4）契丹语；（5）汉语。围绕着这些问题，中外学者对"达斡尔"族称的来源、含义进行了深入研究，提出了各自观点和见解。下面笔者对上述问题展开探讨，经过辨析，认为"达斡尔"一词最有可能来源于氏族、部族名称。

（一）达斡尔族并非黑龙江流域世居民族

达斡尔族很早就有了高度发达的农业经济，而且居住在建筑精良、具有军事防御功能的城堡里。这一点从俄国人进入黑龙江流域时的记载就能得到印证。17 世纪 40 年代入侵黑龙江流域的哥萨克目睹了当时达斡尔人的社会发展状况："结雅河沿岸住着'耕地的人'——达斡尔人。……他们定居在自己的乌卢斯（村落），从事农业和畜牧业。村落四周是种满大麦、燕麦、糜子、荞麦、豌豆的田地。他们的菜园作物有大豆、蒜、罂粟、香瓜、西瓜、黄瓜；果类有苹果、梨、胡桃。他们会用大麻榨油。他们饲养的家畜数量很多：有大批的马、牛、羊、猪；他们用牛耕田，就像俄罗斯人用马一样。从中国传到他们这里的还有家禽——鸡。到处都可感到中国的文化影响。"① 从文献记载中可以看出达斡尔族种植的农作物种类大多来自中原地区，并非是原产于黑龙江流域的物种，这说明达斡尔人的祖先曾经居住在接近中原的地区，由于受到汉族农业生产技术的影响，已经发展为定居的农耕民族。如果是世居于此的民族，处在寒温带地区的黑龙江流域似无发展农业经济的必要，因为当地物产资源丰富，狩猎畜牧足以维持生计，对农业的需求并不十分

---

① 〔苏〕谢·弗·巴赫鲁申：《哥萨克在黑龙江上》，郝建恒、高文风译，商务印书馆，1975，第 8 页。

迫切，由此从当地达斡尔族从事的农耕种植可以推断为是传统生产生活方式的延续。另外，黑龙江流域很多地域名称并非源自达斡尔语，如历史书籍上经常提到的雅克萨城，该城名"雅克萨"一词就是来自满语（女真语），意思是"涮塌了的河湾子"。此外达斡尔族中有精奇里氏族，是由黑龙江支流精奇里江而来，清初达斡尔族中著名的部落首领巴尔达奇就属精奇里氏族。而精奇里江来源于满—通古斯语名称，为黄江之意。以上地名应为达斡尔族迁入该地区之前就已存在，是达斡尔族迁入该地区后直接沿用了原有的地域名称。由以上分析可以推论，达斡尔族并非是黑龙江流域的土著居民，而是因为外部的政治压力或其他原因，被迫从原来生活的地域迁徙到黑龙江流域的民族。俄国学者也认为："真正的达斡尔人，在俄国人入侵以前就已经迁移到阿穆尔河（黑龙江）中游。他们精于射箭，种植大麦、燕麦、谷子，有成群的牲畜，他们骑牛骑马。"[①] 以上论证都支持达斡尔族外来说，因此"达斡尔"这一族称就不能认为是迁到黑龙江流域以后才有的名称，而是沿袭传统的民族称谓，由此"达斡尔"一词来源于索伦语之说就需要重新讨论了。

（二）对来源于契丹"大贺氏"之说的质疑

关于"达斡尔"一词的语源词义，在众多的说法中，来源于契丹大贺氏的说法历史最长，影响也最大。早在清乾隆四十六年（1781）撰修《辽金元三史国语解》时，根据《八旗满洲氏族通谱》中记载有达呼尔姓氏，就认为"达斡尔"是由辽朝先世部族名称"大贺"氏转变而来，

---

① 〔俄〕瓦西里耶夫：《外贝加尔的哥萨克（史纲）》，徐滨等译，商务印书馆，1977，第192页。

所以易"大贺"为"达呼尔"。按《辽金元三史国语解》："达呼尔意义失考，其音近之字有达呼，满语端罩也；又达呼布，满语令复也。达呼尔究不知何解。"① 经过分析，不难发现这段话里包含有以下三方面的信息：其一，"达斡尔"并非是由满语而来；其二，当时只是考虑到两者的对音现象，并没有就此展开来说明论证；其三，达呼尔曾作为姓氏而存在过。因为是官修史书，所以，在清代以后的一些著作中，大多沿袭了这个说法。如黄维翰的《黑水先民传》中称：契丹贵族，与索伦部杂居于精奇里江。魏源的《圣武记》称：黑龙江为辽金旧国，金起混同江，而索伦则辽裔也。但以上著作都没有就词源词义问题展开讨论。

清末民初之时，社会动荡不安，出于对民族的责任，文人们纷纷著书立说，就这一问题进行论证。郭克兴于 1926 年出版的《黑龙江乡土录》中不仅认为"达呼尔乃大贺语转，系出契丹皇族"，而且论述了达斡尔非索伦、满洲、蒙古的问题。上面的说法虽然符合语音变化规律，但都没有可靠的史料依据作为支撑。契丹人最初的部落联盟是在唐朝初年形成的，因联盟长是大贺氏，一般把这个联盟时代称为大贺氏时代，它的统治一直延续到唐玄宗开元年间，后来就衰弱下来，到辽时已不见于记载。关于大贺氏的去向，在《辽史·营卫志》中有一段记载："涅里相阻午可汗，分三耶律为七，二审密为五……三耶律：一曰大贺，二曰遥辇，三曰世里，即皇族也。二审密：一曰乙室已，二曰拔里，即国舅也。"早在建立契丹国之前，为了笼络和迁就世为契丹人部落贵族的大贺、遥辇，壮大自己的实力，巩固自己的统治，就将大贺、遥辇与皇

---

① 郭克兴：《黑龙江乡土录》（民国十五年铅印本），台北成文出版社有限公司，1926，第 42 页。

族耶律定为同姓。于是这三大家族的后人便全都以耶律为姓,被冠以国姓耶律,从而被纳入耶律家族,成为契丹贵族的核心,史称三耶律。北方民族政权更迭频繁,各个部落经过不断分化与整合,大多不再保留原有的部落氏族名称。历史文献中记载的许多古老氏族、部族,时至今日已无从查找其下落。大贺氏一脉作为已经进入国家统治阶层的氏族,经过有辽一代近300年时间的演变融合,还在继续使用原来氏族的名称是令人难以置信的。

(三)"达斡尔"源自姓氏(部族名称)

立论要建立在可靠的材料和正确的推理得来的合理解释之上。《契丹国志·族姓原始》中载:"契丹部族,本无姓氏,惟各以所居之地名呼之。"生活在黑龙江流域时期的达斡尔族多依江河城屯地名而得姓氏,当地的人们也习惯于以地域名称来称呼某一氏族。如居住在黑龙江支流精奇里江流域的氏族群体,称为"精奇里"哈拉,以区别于其他的氏族。"精奇里"哈拉如今已经演化为单音节,取汉语的谐音采用了汉字"金"作为自己的姓氏。这样的哈拉在达斡尔族中大概有二十几个,随着人口繁衍从哈拉中又分化出莫昆这样的社会组织,如同树枝的生长分叉、细胞的裂变,一个哈拉可以分化出几个莫昆,每个莫昆又都根据自己所居住的地域或特征来命名莫昆的名称,但几个莫昆的成员都知道自己同属于一个哈拉,有共同的血缘祖先。如莫日登·哈拉就分化出几个分支,称为"多罗莫日登",即七个莫日登之意,全都供奉一个祖先神"莫日登·额特姑",各个莫昆根据分居地域的不同而有各自的名称。从黑龙江流域迁居嫩江流域之后,随着人口的不断增长,七个莫日登又分化、裂变出不少新的屯落,可见这样的分化、重组节奏相当迅速,人口繁衍、社会组织结构迅速变化的前提条件应是社会的稳定发展。

根据历史文献《八旗满洲氏族通谱》《黑龙江乡土录》《黑龙江志稿》等的记载，达斡尔族中确曾存在过"达呼尔"这样的哈拉，而哈拉怎么会变成一个民族的名称呢？可以这样认为，由于政治上的原因，或是其他的什么原因，一部分生活地域相近称为"达斡尔"的氏族部落由蒙古草原向东北方向迁入黑龙江流域，在此繁衍生息，逐渐发展壮大，最终形成一个新的民族共同体。古代民族的发展壮大一般通过两个途径：一是自身的人口增长；二是迁移兼并融合其他部落。达斡尔族的发展也不外乎这两种途径，一是自身的人口增长，在原有的基础上，又分化、裂变出不同的哈拉、莫昆，但是在古代那样的生活条件下，让人口在短期内迅猛增长几乎是不可能的。二是在抗击外来侵略，共同抵御外辱的战斗岁月中，以达斡尔部族为主力的黑龙江流域不同民族逐渐融合成为一个新的民族共同体，这应该是达斡尔族形成壮大的决定性因素，最后形成的时间大概在 17 世纪沙皇俄国向东武力扩张时期。到了清初，"达呼尔"作为姓氏（部族名称）还存在于历史记忆之中，最后则被完全融化于新的民族共同体里，经过不断交融、发展，最终演变成为一个新兴民族的共同称谓。

据《辽史》记载，辽代时期的契丹人不仅在现今的科尔沁、喀喇沁的肥沃河谷地带种植作物，而且还在气候严寒的北方海勒水（海拉尔河）、谐里河（石勒喀河）、胪朐河（克鲁伦河）、乌那河（鄂嫩河）、鄂尔浑河等河的河谷盆地进行大面积的种植。契丹人建立的辽国版图，囊括了今天我国内蒙古自治区、蒙古国、俄罗斯西伯利亚以及远东阿穆尔州大部分地区，在北方气候寒冷的海拉尔河、克鲁伦河、鄂嫩河流域都有契丹人、汉人筑城屯垦种植作物，进行农业生产。居住在海拉尔河、克鲁伦河、石勒喀河、鄂嫩河流域从事农业生产的契丹人在辽亡后的去向，史无记载。很有可能这部分契丹人为了躲避草原上的战乱向东北方向移动进入黑龙江流域的河谷地带，并在该地区延续了固有的生产生活方式，筑城定居从事农业生产。据《辽史》等有关历史文献记载，契丹人主要以马匹和貂皮同中原进行贸易活动。在适于农耕的地区，除了黍类、豌豆、大麦、小麦以外，还种植大麻、蔬菜和瓜类。……在契丹人那里，一些瓜类作物都有当地的名称。契丹人的经济并不是单一性的，在他们定居的地区，农业在其经济中具有重大的意义。这些记载与俄国人进入黑龙江流域时见到的达斡尔人生产生活方式非常接近，俄国人初次进入黑龙江流域之时所见的达斡尔族社会生活状况，据《苏联通史》记载："沿阿穆尔河（黑龙江）住着达乌尔人及其同族的部落。十七世纪时，达乌尔人已有很高的文化。他们定居在村落中，从事农业，种植五谷，栽培各种菜蔬与果树；他们有很多牲畜，又从中原运来鸡。除耕种或畜牧以外，猎取细毛兽，尤其是当地盛产的貂对于达乌尔人也相当重要……达乌尔人有设防很好的城市。"① "契丹人的特点首先是，大部分当地居民都有定居和筑城的习惯，这种习惯后来为女真人和蒙古人所接受。在蒙古境内，发现了许多契丹人的古城。分布在草原地区的古城，其形制是长方形的（呈东西南北向）。城墙是用黏土夯筑，已经被水冲失的很严重，城门设在每城墙的正中。"② 内蒙古呼伦贝尔市的考古工作者在该地区也发现了大量辽代的边防城遗址，在《古代呼伦贝尔》一书

---

① 满都尔图主编《达斡尔族百科词典》，内蒙古文化出版社，2007，第21页。
② 〔苏〕维克托罗娃：《辽西鲜卑（契丹）及其在三至十二世纪民族演化过程中的作用》，载王承礼主编《辽金契丹女真史译文集》第1集，吉林文史出版社，1990，第335页。

中详细记载了这些古城址的分布情况："辽朝在上京道的蒙古草原地带建立了静州、镇州、维州、防州、河董城、静边城、皮被河城、招州、塔懒王城等九个边防城市。这是有明确记载的九边防城。在九边防城中，静州即今兴安盟科左前旗公主岭一号城址，静边城在今满洲里市东北，皮被河城即今呼伦贝尔市新巴尔虎左旗甘珠花城址，其余五座边防城皆在今蒙古国境内。……在九边防城之外，见于《辽史》'耶律世良传'、'圣宗纪'、'地理志'中记载的，在今呼伦贝尔境内的城郭还有巨母古城（当即今新巴尔虎右旗扎和庙城址）、辖麦里部民城（即今扎赉诺尔城址）、通化州（当即陈巴尔虎旗浩特陶海城址）等……此外，近些年考古调查中，在今呼伦贝尔市境内又发现了多处不见于文献记载的辽代古城址和遗址，如新巴尔虎右旗境内的金马桩城址、黄旗庙城址、新巴尔虎左旗境内的义和乌拉城址、赫拉木图城址、巴彦诺尔城址，鄂温克自治旗境内的辉河水坝城址、辉道城址、辉苏木城址，额尔古纳市境内的珠山城址，扎兰屯市境内的高台子城址、九村城址、王家屯城址、西平台遗址。"[①] 这些辽代古城遗址的存在，有力地证明了辽代已有大批契丹人移居呼伦贝尔草原地带从事驻防屯垦，生活在这一地区的契丹人熟悉东北地区的地理环境，并且与周边各个民族关系密切，因此辽亡后是最有条件向北迁徙的契丹人。考古工作者在俄罗斯境内也发现了许多达斡尔人在阿穆尔省所建的"带有用黏土夯筑的角楼"的古城遗址，"达斡尔型的城址是八百至一千二百平方米的四方形场地，四周环以土墙和壕沟（常常是两层，有时甚至有三层），有构造奥妙的入口，大多在南面，很少在东面。广场四角耸立着旧的小塔楼的座基，其中西北角的塔

---

① 赵越主编《古代呼伦贝尔》，内蒙古文化出版社，2004，第148页。

楼通常要比其他的大，并且总是向前突出。"① 另据元代许谦所撰的《总管黑军石抹公行状》记载："公四世祖库烈儿，闵宗国沦亡，誓不食金粟，率部落远徙穷朔，以复仇为志。"② 这部分北迁的契丹人集中在今呼伦贝尔北部地区，继续从事反抗金国的活动，现在呼伦贝尔北部的根河地区还有以库烈儿命名的山峰。另外，达斡尔族中世代供奉着"霍列日·巴日肯"（霍列日神），该神可能就来自率部北迁的首领库烈儿。E. 帕克《鞑靼千年史》中也说："当满族人征服中国和蒙古的时候，他们认为阿穆尔河地区的索伦人是契丹人（十至十二世纪，大辽王朝的建立者）的后裔。不过，值得注意的是，达斡尔人自己也声称是契丹人的后代。"③ 以上种种迹象都表明，这些北迁的契丹人可能就是当今达斡尔族的重要源头之一。在历史的变迁过程中，以契丹人为主体的达斡尔部族，吸收了一部分乌古迪烈人、汉人，以及当地的室韦人、女真人、鄂温克人和鄂伦春人等，经过长期共同生活，在抗击外来侵略中逐渐形成为一个新的民族共同体。

（四）"达斡尔"词义解析

将历史上蒙古文、满文、汉文文献中所记载的达斡尔族称进行相互比对，发现"达斡尔"称谓中基本不变的是"Da""R"这两个音节，而其中的"Hu"音则有不同版本的音变形式，主要有"U""O""Wu"音的变化，经过对不同地区达斡尔族语言使用情况的考察，可以看出上

---

① 〔苏〕诺维科夫－达斡尔斯基等：《阿穆尔州地志博物馆与方志学会论丛》（选辑），黑龙江人民出版社，1978，第10页。

② 陈述：《大辽瓦解以后的契丹人》，载历史研究编辑部编《辽金史论文集》，辽宁人民出版社，1985，第308页。

③ 〔俄〕史禄国：《满族的社会组织》，高丙中译，商务印书馆，1997，第193页。

述差异是由地区方言与连读、快读所导致的语音脱落等原因造成的。经过上述分析比较，笔者认为"达斡尔"这一民族称谓是由三个词汇组成的合成词，它们分别是"Da""Hu""R"，这三个词汇分别代表不同的含义，下面对它们分别进行论述。

1. "Da"词的本义

宋朝时期的鞑靼是指生活在中国北方的诸多民族，历史上的契丹、蒙古都曾被称为鞑子，后来推而广之，几近是对北方民族的泛称，至近现代更被推上政治舞台，被广泛应用于人们的政治诉求和话语系统中。《新五代史·四夷附录第一》中描述了当时契丹人选举部落首领的情况："部之长号大人，而常推一大人建旗鼓以统八部。至其岁久，或其国有灾疾而畜牧衰，则八部聚议，以旗鼓立其次而代之。被代者以为约本如此，不敢争。"[①] 契丹人很早就接受了汉族文化的影响，唐朝时期，部落首领"究心农耕之事"，包括政治制度、经济制度都有仿效中原王朝的痕迹，契丹文字的创造也深受汉字的影响，同时语言中也有很多汉语借词。"大人"一词最早见于《周易·乾卦·文言》："夫大人者，与天地合其德，与日月合其明，与四时合其序，与鬼神合其吉凶。先天下而天弗违，后天而奉天时。"这里讲的"大人"是指达到了人生最高的理想境界，具备完善人格的圣人。据刘凤翥先生的考证，意为"长"的契丹小字读音为 De，"长"在达斡尔语中读音为 Da，与契丹语极为相近。达斡尔语中"村长"读 Ailida，"族长"读 Mokonda。这都说明达斡尔语中"长"是因袭契丹语。[②] 除了具有上面"长""首领"的含义外，在达斡

---

① 《新五代史》，中华书局，1999，第596页。
② 刘凤翥：《从契丹小字解读探达斡尔为东胡之裔》，《黑龙江文物丛刊》1982年第1期。

尔语中"达"（Da）还有尊贵的含义，如"仙女"读为 Daniwuyin，"仙药"读为 Daem，"师傅萨满"读为 Da – yadegan 等，都含有词首的 Da 音。拉施特在所著的《史集》中这样写道："他们（鞑靼）在远古时代的大部分时间内，就是大部分部落和地区的征服者和统治者，伟大、强盛和充分受尊敬。由于极其伟大和受尊敬的地位，其他突厥部落，尽管种类和名称各不相同，也逐渐以他们的名字著称，全都被称为塔塔儿。这些各种不同的部落，都认为自己的伟大和尊贵，就在于跻身于他们之列，以他们的名字闻名。"① 历史上的鞑靼就是由塔塔儿音变而来，书中强调了各部族都认为自己的伟大和尊贵，所以都以"鞑靼"命名，上述说法与达斡尔语中"达"（Da）词表示尊贵的含义基本相同。《史集》是波斯学者拉施特于 14 世纪完成的历史著作，时间上距离那个时代不远，所记录的内容应有很高的参考价值。

2."Hu"词的本义

据《史记·匈奴列传》记载："索隐服虔云：'东胡，乌丸之先，后为鲜卑。在匈奴东，故曰东胡'。""东"，是方位词，"胡"，实词。"胡"这个词至今仍保留在达斡尔语中。达斡尔语称"人"为 Hu，与"胡"同音。"东胡"即"东方之人"。《汉书·匈奴传》记载："单于遣使遗汉书云：'南有大汉，北有强胡。胡者，天之骄子也'。"从字面上可以判断"胡"（Hu）有人的含义在里面。无独有偶，我国西北地区的土族旧称"土人""土民"，这是宋代以来土民族的特定称呼，由"吐谷浑人""吐谷浑民"一名简化而来。"吐"音"突"，读（Tu）音；"谷"音"浴"，读（Yu）音；"吐""谷"连读即"退"音，古人所谓"语急而然"。"浑"音史家

---

① 〔波斯〕拉施特主编《史集》第一卷第一分册，商务印书馆，1983，第 166 页。

向来读"婚",实际读音为"胡",读(Hu)音。土族自称"土胡"(土浑),表明土族的名称自古至今相沿未变。[①]《后汉书·南匈奴列传》记载"北单于复为右校尉耿夔所破,逃亡不知所在"[②]。据古罗马史籍记载,公元374年左右,一支来自亚洲的游牧部落,自东向西渡过伏尔加河和顿河,进入欧洲东部,一路扫荡破坏所遇到的一切。长期以来,欧洲人只称他们为"Huns",这很像汉语读音"胡"的欧洲化发音,学术界一般认为这批西迁的游牧民族就是来自蒙古草原的匈奴人,被汉军打败后西迁进入欧洲的。国内外各民族对"胡"(Hu)的同样理解,应该解释为是东胡系后裔在语言上所共有的自我称谓,近似于现代人们区分族群关系时称自己为某某人。

3. "R"词的本义

"R"音在这里用来表示居住于某某地域的人们共同体,经过词汇外延的扩大也用来表示"氏族""部族"之义。在达斡尔族中有很多氏族名称中的词尾都后缀有r音,如:金克日(Jinker)、沃热(Wor)、苏都尔(Sudour)、鄂斯尔(Esier)等。达斡尔语的构词规律是以后缀来表示复数形式,有时也用来表示事物存在的状态或具有的某种性质。例如:"Am"一词,在达斡尔语中"Am"可以用来表示"嘴、口"和"粮食、米"两种含义。从粮食又派生出的农作物,如稷子(Xijim)、糜米(Mangalm)、玉米(Susaam)等,还有其他与饮食有关的食物,如饼(Utum)、药(Em)等,其词尾都缀有m音,这些都是由"Am"这一词汇的轻音弱化演变而来。因为达斡尔语是属于阿尔泰语系蒙古语族,是

---

① 吕建福:《土族史》,中国社会科学出版社,2002,第1页。
② 《后汉书》,中华书局,2007,第878页。

典型的黏着语类型的语言。词的派生和合成是丰富发展自己语言词汇的重要手段，达斡尔语是通过这样的附加成分来区分状态的变化，类似于汉字构造中与嘴有关的饮食行为都带有口字旁。在达斡尔语中与居住有关的词汇 Gir（家、屋）、Yir（洞穴）、Hor（窝、圈）、Gajir（地方）、Wor（位置、座位）等后缀都有"r"音，按照达斡尔语的构词规律，卷舌颤音"r"是由表示居住状态的 Yir（洞穴）、Gir（家、屋）经过语音演化而来，而最早的词源应该是表示洞穴之义的 Yir。俄国著名学者史禄国在《北方通古斯的社会组织》中记载："凡老的（通古斯）氏族名称，都带有词尾基尔（gir、jir），所以一看便可以识别出来。"[1] 北方通古斯人的氏族组织名称后缀有基尔，而达斡尔族氏族的词尾"尔"显然经过了语音简化，但在构成词汇时具有相同的识别功能，用这种词尾来表示居住状态是北方某些民族共有的一个特征。

东胡后裔鲜卑人的祖先就曾采用穴居的生活方式，20 世纪 80 年代在内蒙古鄂伦春自治旗境内嘎仙洞中发现了北魏时期鲜卑人祭祀祖先的石刻祝文，证实了鲜卑人的发源地是大兴安岭的嘎仙洞。鲜卑人从嘎仙洞所在的莽莽林海向西南迁徙，进入呼伦贝尔草原，发展壮大，最后游牧移动到黄河流域，建立了北魏王朝。石窟作为崇拜祭祀祖先的场所，被鲜卑人以艺术的形式保留下来，创造出了云冈石窟和龙门石窟这样具有鲜明民族特色的石窟文化艺术。中国现存几大石窟寺院，云冈、龙门、敦煌、麦积山、响堂山石窟，及其影响下的诸多中小型石窟，多开凿于北朝时期。这一现象不能简单地被视为历史的偶然，应是受鲜卑人祖先穴居生活的影响，为传统祭祀方式

---

[1] 〔俄〕史禄国：《北方通古斯的社会组织》，吴有刚等译，内蒙古人民出版社，1985，第 185 页。

的延续，以及洞穴崇拜心理表现于外的艺术表现形式。

综上所述，"达斡尔"（Dahur）是由表示"大、首领、尊贵"含义的"Da"，以及表示"人"的"Hu"，还有表示居住状态的"洞穴""房屋、毡帐"一词演化而来的"R"三个词汇合并而成的复合词，应为"大部族"之义。其中"斡尔"一词本义应为部族，通过达斡尔族早先表示其社会组织名称的"斡尔阔"也能得到佐证。此外，在达斡尔语中有表示城堡、村落的词汇"兀鲁思"，据俄罗斯文献《阿尔巴津城史》记载，当俄国人出现在黑龙江流域的时候，见到很多兀鲁思（城堡），每个兀鲁思按照酋长的旨意以他的名字来命名。另外，达斡尔人称金界壕为"乌尔科"，现今莫力达瓦旗境内还有以乌尔科命名的村落。在蒙古语中"兀鲁思"一词原指"人群、部众、人类集团"，也以"国家"的意义来使用。① 成吉思汗建立的草原帝国称为"也客·忙豁勒·兀鲁思"，即"大蒙古国"之义，此时的"兀鲁思"已具有国家的含义。契丹人建立的"斡鲁朵"其意为宫帐或宫殿。综上所述，可以看出"斡鲁""兀鲁""斡尔""乌尔"是同一读音的汉字不同转写所造成。经过比较，不难发现上述几个词汇的词根非常相似，差别主要表现在词的后缀部分，词根"斡尔"（Ur）根据不同民族的发音习惯略有变化。巴达荣嘎先生指出："在达斡尔纳文土语中还保存着古代蒙古语的另外一些特点，那就是词首元音前出现的喉音 h 的问题。这种现象在现代蒙语和达斡尔语的其他土语中是不存在的。"② "Ur"就

---

① 〔日〕杉山正明：《忽必烈的挑战：蒙古帝国与世界历史的大转向》，周俊宇译，社会科学文献出版社，2013，第 34 页。

② 巴达荣嘎：《达斡尔语、满洲语、蒙古语的关系》，《内蒙古社会科学》（汉文版）1982 年第 2 期。

是缺少了词首元音前出现的喉音 h。古代北方游牧民族没有城市的概念，只是在迁徙的过程中渐渐形成了帐篷群，将居住的毡帐围成一圈，用以抵御风雪和狼群的侵袭，人们就在圈落里生活，这个移动的游群应该是"斡尔"（Ur）最初的含义，经过词义外延的扩大，衍生出宫帐、国家、部族、城堡、村落等含义。《辽史》记载：五院部，六院部，乙室部，奚六部以上四大王府，为大部族。其中五院、六院两部是辽太祖耶律阿保机因迭剌部（本部）强大难制，解析而来。辽太宗耶律德光会同二年，分遣五院部的瓯昆石烈、乙习本石烈和六院部的斡纳阿剌石烈，以乌古之地（呼伦贝尔草原）水草丰美命居之。三年，益以海勒水（海拉尔）之地为农田。这部分向北迁徙筑城屯田的契丹大部族应该与后来的达斡尔族有着比较密切的亲缘关系。

二 契丹语、汉语合璧诗考释

北宋建国不久为了收复幽云十六州，曾多次北伐，辽国也数次欲图南下，统一中原，由此宋辽两国之间战事持续不断。宋真宗景德元年（1004）与辽国订立了"澶渊之盟"以后，直到辽国灭亡的百余年间，两国之间和平共处，没有发生过大的军事冲突。其中的原因，著名历史学家傅乐焕先生进行过深入研究，他认为：不在两国国力相当平衡，端因辽人无意南下。盖塞北民族饮食居处，不与华同。见中原富庶豪华，掠夺劫取之心有之，据其地，子其民，混一区宇之观念，则所罕见。辽太宗南伐，述律太后谓曰，"使汉人为胡主可乎？"曰："不可！"太后曰："然则何故欲为汉王？"最足代表契丹对汉人之观念。……宋辽盟后，宋既以岁币结其在上者之心，复开榷场，通货易，俾宋之宝货，以和平方式，入于契丹众人之手，足怯其掠夺之念。今悉其捺钵之制，二重政制之法，更知辽人于旧有汉人，犹不暇统治，其无心南下也宜矣。①

在和平相处的时期，两国之间的使节往来频繁，他们为加深两国的友谊，促进文化交流，发挥了极其重要的桥梁作用。正是在这样的社会背景下，出使辽国的北宋使臣余靖创作了契丹语、汉语合璧的祝寿诗，见证了当时两国之间社会文化交往的情况，为加深南北方人民的互相了解与认同做出了重要贡献。对此行的相关情况，欧阳修在《余襄公神道碑铭》中有详细的记载："庆历四年（1044 年），元昊纳誓请和，将加封册，而契丹以兵临境上，遣使言为中国讨贼，且告师期，请止毋与和。朝廷患之，欲听，重绝夏人，而兵不得息，不听，生事北边。议未决。公独以谓中国厌兵久矣，此契丹之所幸，一日使吾息兵养勇，非其利也，故用此以挠我尔，是不可听。朝廷虽是公言，犹留夏册不遣，而假公谏议大夫以报。公从十余骑，驰出居庸关，见虏于九十九泉，从容坐帐中。辩言往复数十，卒屈其议，取其要领而还。朝廷遂发夏册，臣元昊，西师既解严，而北边亦无事。"②碑文中记述了此次余靖出使辽国的时间、经过以及在外交上取得的巨大成功，出使地点九十九泉在今内蒙古集宁市卓资县北部的草原地带，这是余靖以"右正言任毋正旦使"身份第二次出使辽国参加辽主的寿典，即席作契丹语汉语合璧的祝寿诗，令辽主大悦举杯道："卿能道此，我为卿饮。"③经过余靖的外交斡旋，增强了两国的友谊，加深了相互了解，促使辽国降低了向北

① 傅乐焕：《辽史丛考》，中华书局，1984，第 97 页。
② 易行广编著《余靖谱传志略》，暨南大学出版社，1993，第 15～16 页。
③ （宋）江少虞：《宋朝事实类苑》，上海古籍出版社，1981，第 514 页。

宋的求索条件，并取消了征讨西夏的动议。余靖巧妙运用外交手段打开了双方僵持不下的局面，和平解决了争端，使两国免于战争之祸，其诗居功至伟。

> 夜宴设逻臣拜洗，
>
> 两朝厥荷情感勤。
>
> 微臣雅鲁祝若统，
>
> 圣寿铁摆俱可忒。

这首诗记载于余靖的《武溪集》，又见于《契丹国志》。[①] 在南宋江少虞编纂的《宋朝事实类苑》中也有相似的记载：夜宴设逻臣拜洗，两朝厥荷情斡勒。微臣雅鲁祝若统，圣寿铁摆俱可忒。并在诗中契丹语词汇后都加以注译，设逻（侈盛也），拜洗（受赐也），厥荷（通好也），斡勒（厚重也），雅鲁（拜舞也），若统（福佑也），铁摆（嵩高也），可忒（无极也）。[②] 后世多沿用《宋朝事实类苑》中的注译。

北方民族性格淳朴，语言质实，表述直白，言语多不事修饰。而上文中的契丹语词汇经过翻译显然是脱离了原义，有可能是注解者为了切合汉语音韵和谐、作诗力求辞藻典雅的审美习惯，也有可能是辑录者望文生义的解释，具体原因已经很难推考。注译的部分出自江少虞编纂的《宋朝事实类苑》，这部书成书于宋绍兴十五年（1145），这时契丹人建立的辽国已经灭亡近20年，而离余靖故去也有近百年时间。而编纂者为

---

① （宋）余靖：《武溪集》（广东丛书），补佚，页1下；又见（宋）叶隆礼《契丹国志》，贾敬颜、林荣贵点校，上海古籍出版社，1985，第232页；又见陶晋生《宋辽关系史》，中华书局，2008，第150页。

② （宋）江少虞：《宋朝事实类苑》，上海古籍出版社，1981，第513页。

宋政和年间的进士，一生都在江南天台、建州、吉州等地为官。① 通过以上分析可知编纂者江少虞并不通晓契丹语，极有可能是他根据上下文之义，在注解中猜测、解释契丹语词汇词义，因此出现注释上的错误也就在所难免。《宋朝事实类苑》引用诸家记录甚多，书中也出现了一些误注的情况，上述注译应为误注的一例。

大辽瓦解以后契丹人四散逃亡，分崩离析。关于契丹人后裔的去向，早在清代就有人认为达斡尔族是契丹人后裔，清代徐宗亮在《黑龙江述略》中就有这样的记载：索伦一部，传为辽太祖之裔。《呼兰府志》也记载："达呼里，一作达呼尔，又讹为打虎儿。契丹贵族，与索伦部杂居于精奇里江。"对达斡尔族族源问题，现代学者也多有论述，大多倾向于契丹后裔说，认为现在国内民族大家庭中的达斡尔族是直接承袭契丹人的一部分。② 有的专家学者则通过语言学的知识来研究论证这一问题，认为："达斡尔语言的基本词汇和语法结构就是在契丹语言基础上延续和发展下来的，达斡尔语言保存了契丹语较为完整的词汇和语法结构。"③

笔者在翻阅文献资料时，发现这首合璧诗中的契丹语词汇与现在的达斡尔语极为相似。就依据自己掌握的达斡尔语，尝试着注译这首契丹语、汉语合璧诗，与《宋朝事实类苑》中的注译相比似乎更为贴切精当。

夜宴设逻臣拜洗，

两朝厌荷情感勤。

---

① （宋）江少虞：《宋朝事实类苑》，上海古籍出版社，1981，第 1 页。

② 陈述：《大辽瓦解以后的契丹人》，载历史研究编辑部编《辽金史论文集》，辽宁人民出版社，1985，第 322 页。

③ 李晓莉、吴维：《达斡尔语是契丹语的延续》，《北方论丛》1999 年第 5 期。

微臣雅鲁祝若统，

圣寿铁摆俱可忒。

　　诗中的"设逻"应为达斡尔族语中的（Solo），该词在达斡尔语中的意思是宴客、邀请、享用；"拜洗"是达斡尔语中的（Baishi）一词，为喜悦、高兴之义；厥荷（Juheleqi）为相处融洽、和睦、团结之意；感勤（Karqin）是相互为邻、亲密无间；雅鲁（Yor）为预兆之义，指将来要发生的事情；若统（Nuotule）是长久、稳固之义；铁摆（Tiebaileng）是命运之义；"可忒"应为达斡尔语的（Keti），意思是上天赐予的、注定的福分。达斡尔语属阿尔泰语系的黏着语，构词往往通过后缀部分来表示复数形式，有时也用来表示事物存在的状态和具有的某种性质，接于词末的卷舌颤音有时很难用汉字标出，固可省略。如果把上面诗作中的契丹语成分按照达斡尔语来注释，意思更加明了清楚，大意为："被邀请参加皇帝设下的丰盛夜宴，十分高兴。长久以来宋辽两朝和睦为邻，友好相处，在感情上是亲密无间的。在此生辰寿庆之际，微臣赋诗一首祝福高贵的圣主福寿无边，国运昌盛"。结合诗中的汉语部分来分析，这样的注释似乎更切合全诗所要表达的旨趣。

　　经过近千年的漫长时间，民族语言的语音、语义在内涵和外延上都有可能发生细微的变化，因此，译成现代语时不可避免地会出现一些偏差。现如今契丹语言文字材料能够保存下来的极少，这首诗的存在无疑是探讨达斡尔族族源问题极有价值的资料。

三　语言接触与达斡尔族社会文化发展

　　语言作为人类最重要的交际和交流思想的工具，伴随着民族的产生和发展，记录着民族的兴衰，人类历史基本上就是多种语言相互接触的历史。语言作为文化的载体，自然要受文化的影响，民族间的文化交流直接影响着语言的形成与发展。正如语言学界得到的共识：基本词汇能反映生计类型及生态环境，借词能反映文化或族群接触，地名能反映文化或历史分布，人名能反映一种文化的信仰、追求和价值取向，语言谱系能表示族群之间的历史渊源。深入发掘积存在语言流变中的变异因素及蕴含其中的丰富文化信息，能够帮助我们揭示历史上遗留的一些问题，对考察研究民族历史具有十分重要的参考价值，尤其对有语言而无文字记录历史的少数民族更具有意义。古代达斡尔人物质文化、生活习惯和经济的许多特点都在他们的语言里留下了痕迹，我们可以找到通过语言认识民族历史的有效材料。

（一）达斡尔语的基本词汇

根据语言的"谱系分类"，达斡尔语属于阿尔泰语系中的蒙古语族语言，达斡尔语与蒙古语是具有共同历史来源的亲属语言。这种亲属语言无论在达斡尔语的基本词汇里，还是在一般词汇中，都表现得非常明显。根据 20 世纪五六十年代国家进行的语言调查统计，达斡尔语与蒙古语有 50% 左右的相近或相同之处。在日常生活中应用最广泛、使用频率最高的基本词语，如日月星辰、江河湖海、天地人以及颜色词、基数词、人体器官等都基本相同。此外，达斡尔语中对牛、马品种划分得非常详细，相对于其他动植物的分类，这类词汇要丰富得多，根据牛、马的花色、年岁不同有几十种专门名称，对各个品类都有清清楚楚的界定，很容易进行区分。从保留在词汇中的这些痕迹，可以看出畜牧业曾经在达斡尔族社会生产中发挥过重要的作用。关于鱼类、捕鱼方法和工具的词汇也比较发达，共有几十种专有名词，是达斡尔语中独有的词汇，可以反映出古代达斡尔族物质文化和生产生活的一些特点。

下面列举的是与现在蒙古语相同的词语：

达斡尔语	蒙古语	词义
nar	nar（an）	日
mori	mori	马
hukur	uher	牛
nek	neg（en）	一
hoir	hoir	二
har	har	黑
qigaan	qagaan	白

任何一种语言里，基本词汇都是语言词汇中的构成基础，是词汇中最稳固的部分。尤其是古代生产力不发达兼之信息交通又很闭塞的条件，往往会造成人们很强烈的地域意识，如果不是在地理环境及生产生活非常接近的情况下，不可能在语言的词汇和语音方面出现如此相近的现象。另外，达斡尔语在语音和词汇方面还保持着很多东胡后裔语言和方言的特点，完成于13世纪的《蒙古秘史》中有很多用现代蒙古语难以解读的词，却能够用达斡尔语对它们进行释读。如：

《蒙古秘史》	达斡尔语	现代蒙古语	词义
in	in	ter	他
baraan	baraan	arbin	多
au	au	orgon	宽阔

《蒙古秘史》中这样的例词很多，据语言学家的统计，有1000多个

这样的词。① 这个特殊的语言现象成为研究考察民族发展源流的重要依据。北方民族自古以来大多是采用游牧或游猎的生计方式，居无定所可以看作是北方民族的一大特点，由于北方民族这种流动的生活方式，因此在论证民族发展历史时，相对于地域、经济生活、风俗习惯等几方面的因素，语言的要素就显得特别重要，因为语言的变异是非常细微而缓慢的，通过保留在语言中的语音特征和词汇的痕迹，可以向上追溯一个民族社会文化发展变迁的历史轨迹。

据历史学家的考证，最早的蒙古人并不是生活在草原上的牧民，而是生活在森林地区的游猎民。蒙古族的先世蒙兀室韦是源出于东北亚山林地带的森林狩猎民族，世代以渔猎采集为生。额尔古纳河是孕育蒙古民族的摇篮，蒙古族人从这里起步，走出森林，进入更广阔的历史舞台。蒙古部落由额尔古纳河流域向西发展，进入辽阔的草原地带从事游牧生产活动，随着周围生态环境的改变，社会结构、生产方式、文化特征也发生了相应的变化，逐渐形成了与游牧生活相适应的草原文化。蒙古部原是蒙古高原上一个弱小的部落，至成吉思汗六世祖海都时兼并扎刺亦儿部，才逐渐强盛。到了成吉思汗时期先后兼并了属于突厥语族的克烈、乃蛮、汪古诸部，最终完成了蒙古高原的统一，结束了长期分散混乱的局面。当时漠北的乃蛮、克烈以及漠南的汪古等部落的经济文化发展程度较高，三部都信奉景教，乃蛮部还使用过回鹘突厥文记录自己的经典文献。而当时的蒙古部没有文字，普遍信奉萨满教，在文化上处于后进的状态。② 正如恩格斯在《反杜林论》中指出的那样，在长期的征服中，

---

① 阿尔达扎布：《在达斡尔语中使用着而在现代蒙古语中已经消失的〈蒙古秘史〉词汇》，"国际蒙古学者第七届年会"会议论文，1997。
② 达力扎布编著《蒙古史纲要》，中央民族大学出版社，2006，第17页。

文明较低的征服者，在最大多数场合，不得不与被征服国度的较高的"经济情况"相适合，他们为被征服的本地人所同化，而且绝大部分还引用了他们的"语言"。正是在这样武力征服与文化征服的过程中，原蒙古语从语音到词汇都发生了很大的变化，"在语言方面，突厥语的前后列元音体系浸入蒙古语中，开始形成原蒙古语所没有的古蒙古语八元音序列。一批原蒙古语被淘汰了，输入了一批突厥语借词，词法发生了简化趋势"①。现代蒙古语正是在突厥化的过程中，失去了《蒙古秘史》中的那一部分原蒙古语的词汇，借入一批突厥语的词汇来代替它们。从地理位置上看，额尔古纳河发源于呼伦贝尔草原西南部、大兴安岭西麓，向北转趋东北方向注入黑龙江，而石勒喀河与额尔古纳河交汇的黑龙江上游地区正是达斡尔族最早的落脚之地，达斡尔族在这里繁衍生息，逐渐向黑龙江中下游渗透。在黑龙江中下游地区，达斡尔族与满－通古斯语族系统的久切尔人（满人）、鄂温克人、鄂伦春人有了密切的交往，在语言中也渗入大量的满－通古斯语词汇，形成了有别于其他蒙古语族的独立语言。在相对闭塞的自然环境中，达斡尔族保持了原有的生产生活方式，有些原蒙古语词汇得以完整地保留下来，并被沿用至今。

如果我们把目光投向更远的地方，还有很多值得进一步探讨的语言现象。分布在我国西北青海、甘肃等地的土族语言中，还保留着现在蒙古语中业已消失的词汇，而且这部分土语和达斡尔族的语言，无论词汇的语音还是词义都完全对应，与13～14世纪的蒙古语相比，无论在语音或词义上都更为接近。举几个词例如下：土语 xuli（跑，"指动物"），可

---

① 亦邻真：《中国北方民族与蒙古族族源》，《内蒙古大学学报》（哲学社会科学版）1979 年 Z2 期。

比较《元朝秘史》（卷三第 43 页）的 haul（跑，"骑马"），土语 niambie（掩盖自己），可比较《华夷译语》（卷二上第 14 页）nembe（掩盖）。[①]这一独特的语言现象留下了值得追寻的历史线索，从生活地域上看，土族和达斡尔族分别居住在东北的黑龙江流域和中国的大西北，两地距离遥远，历史上也无语言接触、文化传播的记载，却同时保留了 13 世纪以前的原蒙古语词汇，这一现象不能完全解释为是历史的巧合，只能认为是两个民族在历史上曾经有过极其密切的关系，这些共有的词汇应该形成在 13 世纪之前。据巴黎收藏的敦煌藏文书卷 P1283 号记载：契丹"语言与吐谷浑大体相通。吐谷浑是从鲜卑慕容部分出西迁的鲜卑人。契丹与吐谷浑的语言大体相通，亦即与东部鲜卑语言相通""吐谷浑人早在西晋时期就已远徙甘肃青海，他们的语言到唐代还能与契丹人相通，可见从东胡到契丹，都是使用同一语言的人民。所以，契丹语的研究又有了新的意义：这等于研究东胡后裔语言的主要干支"[②]。有共同的地域环境，才会有共同的语言。这些语言现象足以说明达斡尔语与历史上的鲜卑语、契丹语、原蒙古语有着一脉相承的关系，在达斡尔语中还能够反映出东胡系民族在语言上的一些古老面貌。

根据唐代李延寿《北史》所记载：室韦"语与库莫奚、契丹、豆莫娄国同"。《隋书·契丹·室韦》记载"室韦，契丹之类也。其南者为契丹，在北者号室韦。"欧阳修《五代史记·四夷附录·奚传》也说："契丹阿保机强盛，室韦、奚、霫皆服属之。"根据拉施特《史集》中记载：蒙古部在辽代已迁至斡难河上游。成吉思汗五世辈的一个

---

① 吕光天：《北方民族原始宗教社会形态研究》，宁夏人民出版社，1981，第 522 页。

② 亦邻真：《中国北方民族与蒙古族族源》，《内蒙古大学学报》（哲学社会科学版）1979 年 Z2 期。

蒙古部首领名叫察剌孩·领忽，"领忽"就是辽代的部族官称号"令稳"；察剌孩·领忽之子名想昆·必勒格，"想昆"就是辽代大部族官称号"详稳"。他们的时代应在 11 世纪中后期，这说明蒙古部的首领已经接受了辽朝的官号，成为属部。① 法国历史学家格鲁塞在《草原帝国》中也写道："成吉思汗还自认为是契丹人的复仇者，因为最初契丹人占据着北京，后来被金国人驱逐了出来。因此契丹人对成吉思汗的讨金行动热烈支持，出身耶律氏王室的契丹王子耶律留哥在辽河流域与成吉思汗遥相呼应，积极响应成吉思汗的号召。我们已经知道，契丹语也属于蒙古语系，毫无疑问，在反对北京的通古斯王朝方面，他们与成吉思汗是站在一边的。"② 拉施特也认为："所有的（哈喇契丹）部落都是游牧民，与蒙古游牧民有亲属关系。他们的语言、外貌和风俗习惯彼此相似。"③ 通过以上史料记载，虽然不能断定契丹和蒙古有直接的递嬗关系，但二者同属东胡族后裔，是两个具有亲缘关系的民族，这一点是毋庸置疑的。从语言的特征上看，达斡尔族与蒙古族也应具有很近的亲缘关系，后来因为走上了不同的发展道路，与不同民族的语言进行了接触，从而发生了一些变化。蒙古语更多的受突厥语的影响，借入突厥语的词汇，而达斡尔语则主要受满 – 通古斯语的影响。在不同的自然环境中，相互隔绝的情况下，达斡尔族语与蒙古语逐渐发展成为各自独立的语言，其中发展的历程可能很曲折，变动也很复杂，而通过对民族语言的考察研究，能够大致把握其历史源流的基本朝向。

---

① 陈得芝：《蒙元史研究丛稿》，人民出版社，2005，第 36 页。

② 〔法〕勒内·格鲁塞：《草原帝国》，黎荔等译，国际文化出版公司，2003，第 192 页。

③ 〔波斯〕拉施特主编《史集》第一卷第一分册，商务印书馆，1983，第 227 页。

（二）与满－通古斯语族的语言接触

语言接触这里指的是不同言语操持者的相互作用，从别的语言借用自己所需要的词语，对任何语言来说都是必要的，语言之间彼此影响的最常见方式就是词汇的互换。达斡尔语在长期的历史发展过程中，在同别的民族进行政治、经济、文化的交流中吸收了不少借词，从而使语言表达系统更为完善。其中主要是汉语借词、满－通古斯语借词、俄语借词以及少数其他语言的借词。

在达斡尔语词汇中，除了本民族固有的基本词汇外，还有相当数量的满－通古斯语借词。从历史上看，满语和达斡尔语接触具有明显的不平衡性，总体而言满语对达斡尔语的影响力很大，而达斡尔语对满语的影响很小，究其原因，主要是满语与达斡尔语接触时，满族文化处于强势地位，而达斡尔族文化则基本处于弱势地位。达斡尔人在清代学习和使用满文满语长达 300 年之久，在这历史进程中达斡尔语吸收了大量的有关政治、经济、文化、军事、道德伦理等各方面的借词。达斡尔语中大量借入满语词汇的主要原因：首先是由于清朝的长期统治。当时官方文件都要用满文，这就要求达斡尔族中进入仕途的上层人物必须学习满文。而清政府推行国语、骑射的文化政策，要求一般人也要学习满文。其次，清政府从康熙年间开始在达斡尔族地区设立学堂，达斡尔族在没有自己文字的情况下，通过满文的学习来接受先进的文化知识，从而提高民族整体素质。再次，达斡尔族生活地区与满族相毗邻，相似的自然地理条件必然使两个民族在生产生活方式、风俗习惯上也有很多相似或相同之处，而且达斡尔语和满语同属阿尔泰语系，在语言的语法程序、语音、语言的结构类型等方面有很多相同之处，便于学习和掌握。

一个民族的语言词汇来源有多种途径，借用其他语言中的词是所有民族语言共存的现象，是产生新词的重要途径之一。达斡尔人从一开始学习满文就遇到不少达斡尔语里没有的词语，有的就原封不动地借用了满语词。

如伦理道德方面的：仁（goxin）、义（jiugan）、礼（dorolon）、礼仪（yongsu）、理（giyan）、尊贵（weexwun）、正直（tond）、诚实（unenggii）等。

政治制度方面的：国（gurun）、政治（dasen）、圣旨（hess）、旗（guusa）、权力（toos）、档案（dans）、宝座（soorin）、法律（fafen）、军队（chuha）等。

清朝官员的官衔，职务名称也多用满语，如：安班（amban）、章京（janggin）、额真（ejin）、总管（ugerdaa）等。

经济方面的：钱（jiha）、财（ulin）、利益（aisi）、利息（madagan）、价钱（hudaa）等。

社会文化方面的：历史（sudur）、世界（jialan jeqin）、学校（taqiku）、书（biteg）、勤勉（kichebe）、贤士（saisaa）、隐居（somibei）、谋略（bodon）等。

当然也有原本达斡尔语里有的词，因为长久使用满语词汇，而不再使用或淡忘本民族固有词汇。例如，在达斡尔语中表示社会组织结构的"哈拉"和"莫昆"。"哈拉""莫昆"原为满－通古斯语词语，此前的达斡尔族曾使用"斡尔阔""毕尔吉"等来表示自己的社会组织。"哈拉"可以译为姓氏，可能表示河谷、山川之义，因为古代狩猎民族都是以某山岭、河流为范围，划定地界来从事生产活动。如努尔哈赤统一女真各部以前存在的完颜部、叶赫部等就属于不同的"哈拉"。《契丹国志·族姓原始》中载:"契丹部族,本无姓氏,惟各以所居之地名呼之。"北方民族的社会组织结构大体如此,因此"哈拉"早先应该是地域的概念。早在女真人建立金国时就有猛安谋克制度,猛安谋克组织作战时就是军事单位,平时为行政机构,是一种军民合一的行政组织,类似于清朝时的八旗制度。"莫昆"就是"谋克"音译的汉字不同转写,《满洲源流考》卷十八《国俗》条,"穆昆"注曰:"满洲语族也";《金史国语解》卷六《职官》条,亦作"族也";而《金史》附录《钦定金国语解》则注曰"谋克百夫长也,谋克即墨由克,索伦语谓乡里为墨由克";在《清文鉴》中解释莫昆是"同姓兄弟称为族",也译作"氏"。这些说法大略相同,可知莫昆有"乡里""族""族长"等含义。达斡尔人在初次见面时都要先自报家门,说自己是某某哈拉某某莫昆的人,这种习俗由来已久,但对"哈拉"和"莫昆"这样基本词语的具体含义,现代的人们却并不十分了解,可见这样借词是有久远的历史的。

另外,还有大量狩猎方面的词汇进入达斡尔族语言系统中,丰富了达斡尔语的表现形式,这方面的词主要是来自鄂伦春语和鄂温克语,如鹿茸(pentu)、鹿(buhuu)、狍皮靴子(qikami)等。

从上述达斡尔语中的满-通古斯语借词可以看出,早在黑龙江流域时期,达斡尔族就与满-通古斯语族系统的民族有过语言的交流接触,而且在生活地域上也呈现大杂居、小聚居的居住格局,如果没有与满-通古斯语族各民族社会群体非常密切的交往,是不会共用同一社会组织名称的。从17世纪开始,由于帝俄势力向东扩张,达斡尔族陆续由黑龙江流域迁入嫩江流域,清政府把当地的达斡尔族、鄂温克族、鄂伦春族编入八旗,设立八旗学堂,使达斡尔族子弟有机会接受正规的学堂教育。可以想见达斡尔语中与国家形态有关的政治、经济、文化、军事、道德伦理等满语借词就是通过学堂和文人的使用而大量进入达斡尔族日常生活当中。清代华灵阿在道光年间用满文撰著的《索伦达斡尔源流考》，为达斡尔人自撰的第一本历史书籍，是反映当时达斡尔族社会生活情况的重要文献。还有大量用满文书写的诗词歌赋和编修的家族宗谱流传后世，孟希舜先生在《孟氏重修家谱序》中写道："（达斡尔族）自康熙二十二年（1683）归于黑龙江将军萨布素管辖，编入满洲旗内，受满清之文教感化，始学满洲文字，才有了近世史记档案记载。"[①] 20世纪六七十年代时达斡尔族民间说书艺人还能够用达斡尔语讲解满文本的《三国演义》，直至现在，有的达斡尔族老人还可以书写满文，很多满语词汇已经完全融入达斡尔语当中，在人们日常生活中被广泛地使用，应该说满文对于一个没有文字且人口较少的民族产生过积极而深远的影响。

（三）达斡尔语与汉、俄语接触的历史

各种语言随着社会的接触而彼此吸收一些成分是语言相互影响中最常见的现象，随着社会间接触的进一步的发展，语言间的相互影响也就更深入。达斡尔语是一种没有文字的语言，加之达斡尔族聚居区学校中也主要是以汉语来讲授，这样就加深了汉语对达斡尔语的影响程度，出现了大量的汉语借词，例如日常生活使用的家用电器多使用汉语的借词。而且随着社会的发展，广播、电视、报纸、网络等传播媒介影响的日益加深，会出现由汉语引起的"语言兼用"和"语言转用"现象，目前在达斡尔族聚居区的达斡尔族青少年对母语的掌握程度已大不如前，民族

---

① 莫德尔图主编《达斡尔族布特哈莫日登哈拉族谱》，内蒙古文化出版社，2002，第406页。

语言的使用人数在急剧减少，社会功能退化，已经显露出濒危的特征，足见汉语的影响是广泛而深刻的。

达斡尔族从汉语吸收借词，其历史可以追溯很远。据康熙年间流放到卜奎（齐齐哈尔）的江南文人方式济撰著的地方史志《龙沙纪略》中记载："达呼里索伦属，俗误打狐狸，语音与蒙古稍异，间杂汉语。当是元代军民府之遗索伦达呼里诸部。涵沐圣化，贡身朝廊。近颇以材武自表，见有为近侍者，边人荣之。"可见在清朝初年，黑龙江地区的达斡尔族语言中，就夹杂着许多汉语的成分，这些汉语词汇是何时借入达斡尔语中的，方式济也不能肯定具体借入时间，只是大致推断出由元代军民府的汉人传入达斡尔族社会之中，详细考证这种语言借入的时间和演变现象对探索达斡尔族历史源流问题也许会有所助益。

从发生接触的语言相互之间的亲疏远近关系来看，汉语和达斡尔语接触则又属于非亲属语言接触。因此，达斡尔语早期汉语借词在音义方面都起了不少的变化，并且还具有了新的构词能力，从而完全在达斡尔语里生了根。对于那些早先被达斡尔语所接受的借词，因为有些汉语的声调，抑扬顿挫的原音不能适合达斡尔语的发音习惯，这种情况往往通过改变外来词迁就自己语言语音系统的要求，经过达斡尔语语音结构的改造，达斡尔族人民已经感觉不到它们是汉语词，如：Kanqi（象棋）、cai（茶）、gin（斤）、baax（把戏）、gab（家谱）、chonk（窗户）等。

另外，在达斡尔语中还借入了极少量的俄语，如：widre（金属桶）、bierdan（单响猎枪）、topor（斧子）、leeb（面包）等。从17世纪中叶开始，沙俄对中国黑龙江地区多次侵略，达斡尔族和俄罗斯民族接触的必然结果就是语言之间的相互接触和相互影响。不同民族间的交流，并不是说先进民族就不吸收其他民族的东西，而只是较落后的民族吸收先进民族的东西，同样俄语中也借入了不少达斡尔语词，如：阿穆尔河、阿尔巴津城等，多为地域和当地特有物产的名称。从这些借用的词中也能看出历史上达斡尔族与俄罗斯民族曾经有过短暂接触，而且达斡尔语中借用的俄语词都是固定名词，大多为达斡尔族社会中没有的物品，不属于达斡尔语中的基本词汇。无论从数量上还是程度上，俄语对达斡尔语的影响是微乎其微的，从中也能反映出两种语言接触的时间和程度。

除以上汉、俄语借词外，达斡尔语中还输入了个别的藏语词汇。随着藏传佛教在内蒙古和东北地区的传播，一些宗教专用词随之被借入达斡尔语中，达斡尔族的有些人名就直接取自藏语的宗教词。经过专家考证，认为现在达斡尔族中曲棍球（poolie）这一词就是来源于藏语。[1] 据史书记载，早在唐代，就从西藏传入一种"波罗"球戏，是骑在马上，持杖击球的运动项目。对达斡尔语影响比较大的蒙古语和满语中都没有表示球类运动的"poolie"这样的词，曲棍球（poolie）这个借词是通过什么途径借入达斡尔语中的？要想揭开这个历史谜团，就要向上追溯达斡尔族先民曾经有过的辉煌历史。从史料上看，极有可能是在辽代或更早的时期，中原地区还在流行波罗球游戏时，曲棍球（poolie）就进入了达斡尔语中。达斡尔族的曲棍球运动由来已久，是从古代传承下来的体育运动，对曲棍球（poolie）这一古老词的考察，对探索达斡尔族历史源流问题很有启示性。

---

[1]　恩和巴图：《曲棍球、马球及达斡尔语的 poolie》，《达斡尔族研究》第 4 辑，内蒙古达斡尔学会编印，1989，第 248 页。

第二节　达斡尔族分布状况及自然环境

据史书记载："至顺治初年，俄罗斯所属之罗刹，始吞并尼布楚地，又东窃据雅克萨，筑城以居。索伦、达呼尔诸部皆被其侵扰，由是索伦、达呼尔南徙于嫩江之滨。"[①] 从顺治六年（1649）至康熙六年（1667），达斡尔族迫于沙俄武装势力向东扩张的压力，离开黑龙江流域的家乡，陆续迁居到嫩江流域。沿着嫩江两岸依照原来以氏族为单位划分区域的习惯，建村立屯，开始了新的生活。为了便于管理，清政府将这部分南迁的达斡尔人编为都博浅、莫日登、讷莫尔三个扎兰（扎兰也写作甲喇，是清代八旗的第二级组织，五甲喇编为一旗），归理藩院管辖。从雍正九年（1731）起，把这一地区的达斡尔、鄂温克、鄂伦春等族正式编入八旗组织，因为此地居民多以渔猎为生之故，故称为布特哈八旗。"布特哈"一词是由满语而来，为"狩猎"之义，汉语译为打牲部。在嫩江西岸宜卧奇后屯建立总管衙门，作为管辖此地各民族事务的地方行政机构，是当时清代黑龙江将军辖区之一，所辖范围大致为嫩江流域中下游地区。光绪三十二年（1906）以嫩江为界划分成东布特哈和西布特哈，民国十一年（1922）裁撤东、西两路布特哈衙署改为县制，但在习惯上对这一地区仍称为布特哈地区，布特哈地区也就成为日后散居全国各地达斡尔人共同的故乡。

八旗组织是集军事和行政职能于一体的社会政治制度，旗民具有军

[①] 内蒙古少数民族社会历史调查组、中国科学院内蒙古分院历史研究所编《达斡尔、鄂温克、鄂伦春、赫哲史料摘抄（清实录）》，内蒙古人民出版社，1962，第20页。

户的性质，男子成年之后都要披甲服兵役，应征参战，为朝廷效力。被编入八旗组织的达斡尔族官兵应朝廷调遣，频繁征战、迁徙戍边、驻守边防城镇。被征调戍边驻守的官兵有携带家眷扎根于所迁地区者，也有部分返回家乡者，经过清代几百年，达斡尔族出现一个零散杂居的局面，并且这种分布格局相沿至今。根据分布地域的不同大致可以划分出以下几种社会群体：（一）布特哈群体；（二）齐齐哈尔群体；（三）海拉尔群体；（四）新疆群体；（五）瑷珲群体。从实地调查和历史文献资料来看，散居各地的达斡尔族在文化上表现为共性大于差异，但各社会群体已经具备了属于自己的文化特质。正如麦吉斯所说："人类是一种动物，和其他动物一样，必须与环境维持适应的关系才能生存。虽然人类是以文化为媒介而达到这种适应的，但其过程仍然跟生物性适应一样受自然的支配。"① 生态环境与社会环境的改变会迫使人们相应调整自己的文化体系。以语言为例，达斡尔语可以划分出布特哈方言、齐齐哈尔方言、海拉尔方言、新疆方言四种方言。其中瑷珲地区的达斡尔族因为与汉族、满族杂处日久，主要采用汉语作为交际工具，民族语言使用频率极低，因此没有被划为一种方言。"方言确是属于一个有明确界限的社会群体的，这个群体的内部的一致性足够保证有方言规范所需的共同感情和共同目的。"② 语言作为文化的载体，其变化不是一朝一夕就能够完成的，它是随着社会的发展而逐步积累形成的，在文化的变迁过程中，语言是最稳定、变化最慢的一个民族特征。各地方言的形成，足可证明达斡尔族由黑龙江流域南迁之后散居各地，已经形成了有一定差异的几个社会群体。

---

① 〔美〕基辛：《文化·社会·个人》，甘华鸣译，辽宁人民出版社，1988，第151页。

② 〔美〕爱德华·萨丕尔：《语言论》，陆卓元译，商务印书馆，1985，第134页。

一 布特哈群体

这是包括清代布特哈衙门管辖下的，在嫩江主支流域一带居住的群体，范围包括现在黑龙江省的讷河、富裕、德都等县市和内蒙古自治区的莫力达瓦旗、阿荣旗、鄂伦春旗和扎兰屯市等地。这里背依大兴安岭南麓支脉，为丘陵地带，南面是肥沃的嫩江平原，江河两岸的河谷平原，适于耕种，又是丰美的天然牧场。长期以来，达斡尔人利用得天独厚的自然环境，多样的地理形态，从事农、猎、渔、牧、林等多种生产活动。靠近山林则从事围猎以为生计。嫩江、讷谟尔河一带的屯落村庄，地域平坦广阔，适合于垦殖耕种，利用农耕闲暇可以在嫩江捕鱼，或赴嫩江、甘河、诺敏河上游的山林砍伐木材，编木排顺流放下，送到省城变卖，以谋生计。还有从事手工业者擅长制造大轮车，每年八月从山路运往海拉尔，赴甘珠尔庙集会，与周边的蒙古族、汉族交换马匹和粮食，互利互惠，也有因此而发家致富的人。达斡尔人在长期的生产实践中总结出依据自然环境的特点来从事多样性的生产活动，对于多种经济方式并存的原因，孟定恭在《布特哈志略》中写道"夫天生斯民，必赋其地，而得依其水土物产，利赖生存，驯成性情习俗，非系人力所能为"，把经济文化与自然环境密切联系起来，反映了当地人与生态环境之间密切的互动关系。

布特哈地区的渔猎资源非常丰富。大兴安岭深处森林密布，空气湿润，这里的植物种类繁多，主要以针叶乔木、阔叶乔木、灌木和草本植物为主，大片的落叶松、白桦、樟子松、云杉、黑桦、鱼鳞松等树种遍布大兴安岭山地。清代康熙朝的方式济曾在《龙沙纪略》中描写过大兴安岭的原始森林："松柞数十围，高穷目力。穿林而行，午不见日。"大兴安岭森林地带也可以说是天然的动物王国，野生动物不仅种类繁多，而且均具有很高的经济价值，野生动物的皮毛极为珍贵。主要的野生动物有鹿、狍、驼鹿、野猪、松鼠、兔、猞猁、狼、狐狸、东北虎、狗熊、水獭、旱獭、紫貂、鹰、飞龙、野鸡、鸿雁、野鸭、麻雀等。东北民谣"棒打狍子瓢舀鱼，野鸡飞到锅里来"，就是当地生活场景的真实写照。由于地域的特点，这里的达斡尔人更多地继承了传统的生产生活方式，除了农业之外，渔猎采集在该地区的经济成分中仍占很大比重。该地区的达斡尔族崇尚骑射、忠厚朴实、注重礼节。早在清代康熙年间就在布特哈地区设立了八旗学堂，进行国语骑射的教育，因此满族文化对该地区的社会文化产生了深远的影响，业已消失的满语文字仍在当地的达斡尔社会中有所继承和流传。

莫力达瓦达斡尔族自治旗是全国唯一的达斡尔族县级自治地方，有些偏远村落仍以达斡尔语作为日常交际语，小孩子也能说一口流利的达斡尔语。由于意识到保护民族语言的重要性，在社会各界人士的支持下，2008 年由莫旗第二小学编写的《达斡尔语汉译教程》出版，并在全旗范围内推广普及。近些年，民族传统文化也受到来自政府部门的高度重视，莫旗每年都要举行全旗规模的民族传统体育比赛，内容包括曲棍球、射箭、赛马、摔跤、颈力、围鹿棋、玩哈妮卡（纸偶）、罩鱼等。其中曲棍球运动更是享誉国内外，因此莫旗被国家体委命名为"曲棍球之乡"，参加 2008 年北京奥运会的国家曲棍球队中就有来自莫力达瓦山下的 7 名达斡尔族运动健儿。

为庆祝新中国成立 60 周年，2009 年莫力达瓦旗乌兰牧骑在北京保利剧院举办《穿越千年——神奇的达斡尔》大型文艺晚会。演出由

《亘古风云》《山魂水魄》《日月同歌》《天地祥和》《阳光灿烂映山红》五部分组成。国内各大媒体对此次文艺会演均作了报道，产生了很大影响。

莫力达瓦旗达斡尔学会的工作也开展得有声有色，收集整理出版的《达斡尔资料集》已编辑出版至第十集，共计 2000 余万字。由旗政府斥资 1300 多万元修建的萨满文化博物馆于 2007 年竣工开馆，馆内集中展示了不同时期北方民族的萨满文化，莫力达瓦旗因为保留萨满文化宗教仪式最多而被列入"大世界基尼斯"之最。传统文化具有一种巨大的惯性力量，在变化了的社会条件下萨满信仰仍在发挥它的影响力。笔者在基层农村调查时见到一般有老人的家庭都供奉有神龛，逢年过节都要烧香磕头，祈求家业兴旺，风调雨顺，人畜平安。年轻人组成的新家庭则很少见到神龛，他们的信仰程度也没有老年人那么虔诚，对神灵的态度也是"不能全信，也不能完全不信"，很多人都表达了类似的观点，觉得有些事也说不清，祖上传下来的习俗，也不好断然否定。

二　齐齐哈尔群体

这是以齐齐哈尔市为中心的富拉尔基区及龙江县附近一带居住的群体。这里位于南部嫩江平原，土地肥沃，宜于耕种。嫩江中游的渔产，更是远近闻名。康熙三十年（1691）以达斡尔族为主力，兴建齐齐哈尔城，布特哈 12 佐达斡尔人奉调迁居齐齐哈尔地区，成为齐齐哈尔最早的建设者。

自清代康熙三十八年（1699）黑龙江将军移驻齐齐哈尔以后，齐齐哈尔就成为东北重要的政治、经济中心之一，所以居住在这一地区的达斡尔人被称为"阔通达斡尔"（城市达斡尔之义）。每年举办一次的"楚勒罕"（盟会）大会，是各个民族向中央政府贡献方物表示臣服的盟会，这期间还要开展民间经济贸易活动，每次大会要持续20余天。清代英和《卜魁纪略》记载：出勒汗者，华言会也。各处旗民商贾来集，以苇为墙，值风雨则蔽以草茅，或即以车为屋，栖止焉。来集者，多携眷口。清徐宗亮《黑龙江述略》也有记载：……旧制草青时，蒙古部落及虞人，胥来互市，商贾移肆以往，在城北十余里外，号"出尔罕会"，历二十余日始散。这期间附近的呼伦贝尔蒙古牧民、布特哈猎民都前来赶集，购买一年所需的商品，同时也转卖当地特产，主要是山货和牛马驼羊等，也有不远千里从内地赶来的商人，带来绸缎、布匹、茶叶、陶瓷、铁器等，与当地人交换。此时的齐齐哈尔商贾云集，车马遍布原野，有力地促进了当地的经济繁荣。因为接近内地，同汉族交往频繁，故该地文化发达，生产方式主要以农业为主，兼事渔业。

在文化上，齐齐哈尔达斡尔群体日常谈话多用汉语，民族语言使用频率相对较低，有些上年纪的人在谈话中会夹杂若干达斡尔语词汇，在城镇已很少有人以达斡尔语作为日常交际语。齐齐哈尔地区没有达斡尔族萨满从事宗教活动，萨满教的影响只存留于人们的记忆当中。齐齐哈尔达斡尔群体的"乌钦"（民间叙事诗）和"哈肯麦"（民族舞蹈）被列为国家级非物质文化遗产项目，受到重视。由齐齐哈尔市委宣传部组织搜集整理的达斡尔族长篇民间叙事诗《少郎和岱夫》已出版，全书50余万字。著名作家、中国民间文艺家协会主席冯骥才在《永远的乌钦》中称其是一部悲壮的大型史诗，是达斡尔族乌钦的经典。2008年，黑龙江省达斡尔族"乌钦"说唱保护领导工作组整理出版了《色热乌钦集》，这是对达斡尔族传统说唱艺术的又一次全面整理和总结。现齐齐哈尔市梅里斯达斡尔区文化馆正组织专业人员下乡办班培训，正致力于培养新一代乌钦、哈肯麦的文化传承人，这些保护民间文化遗产的举措将使达斡尔族民间传统艺术形式得到很好的传承和发扬。

三　海拉尔群体

这是主要居住于海拉尔市及其附近鄂温克旗的群体。这里地处呼伦贝尔草原的东部边缘，气候寒冷，不适宜耕种，适于发展畜牧业，长期以来当地达斡尔人以定居牧业为主要生产活动。笔者在鄂温克旗巴彦塔拉达斡尔民族乡调查时看到，这里居民没有自己种植的园田，食物也主要以奶制品和牛羊肉为主，所吃蔬菜瓜果大都由外地购进，相对而言，该地区畜牧业发达，畜牧产品也是最主要的生活资源。

雍正十年（1732），黑龙江将军卓尔海上奏，"相视呼伦贝尔附近之济拉麻台河口处，地方辽阔，水草甚佳，树木茂盛，可种地筑城。请拣选索伦、达呼尔、巴尔虎、鄂伦春之兵三千人，迁移其地，将伊等编为八旗"。清廷批准他的奏议，由布特哈地区调26佐，共730名达斡尔人移驻呼伦贝尔地区，编为索伦左翼四旗，这成为达斡尔人进驻海拉尔地区的开始。乾隆七年（1742），清廷批准26佐达斡尔人迁回布特哈原籍，他们在呼伦贝尔地区只驻防了10年。当大部分达斡尔人迁回原籍时，他们当中的郭博勒哈拉满那氏族的奎苏，敖拉哈拉登特科氏族的范恰布，均因公职在身（任笔帖式），与其家属留居下来。莫日登哈拉的珠善任呼伦贝尔额鲁特部总管期满，奉命留居呼伦贝尔，并接来家眷和弟弟。后来迁居呼伦贝尔的达斡尔族敖拉哈拉和鄂嫩哈拉七户被编入索伦右翼正黄旗第二佐，他们便成为海拉尔地区达斡尔人的祖先。[①] 民国三年（1914），将清末所设的黑龙江垦务局改设为黑龙江清丈兼招垦总局，大力推行移民垦荒政策，使齐齐哈尔地区的达斡尔人失去大片土地，很多人先后迁入海拉尔地区另谋生路，使海拉尔地区的达斡尔族人数有所增加。

海拉尔毗邻俄罗斯和蒙古，交通便利，商业文化交流频繁。海拉尔地区的达斡尔人普遍重视教育，就是很困难的家庭也会尽力支持孩子读书，接受教育。

据南屯老年人的传说，清同治年间，著有《官便漫游记》的达斡尔族文人敖拉·昌兴在南屯开办过季节性的私塾，教习本族子弟以满文和蒙文，此为南屯私塾之始。[②] 早在清末民国时期就有很多达斡尔族子弟远赴苏联、蒙古国、日本、美国留学，涌现出了像郭道甫这样在内蒙古近现代革命史上有重要影响的历史人物。1920年郭道甫采用拉丁字母创造了达斡尔文字，并在群众中推广使用。1928年在张学良的支持下，郭道甫在沈阳创办东北蒙旗师范学校，为东北各民族培养了很多栋梁之材。

海拉尔地区的达斡尔人兼用蒙语，用母语交谈时也常夹杂蒙语词汇，一般人都能流利地说三四种语言。作为民族传统的宗教信仰，该地区的萨满比较活跃，而且与藏传佛教关系密切，在举行的宗教仪式中吸收了不少佛教的因素。新中国成立前有一位著名的大萨满被称为"喇嘛萨

---

① 《达斡尔族简史》，内蒙古人民出版社，1986，第392页。

② 苏日嘎拉图编著《呼伦贝尔民族教育史略》上编，民族出版社，2001，第23页。

满"，简称"拉萨满"，在蒙古族、鄂温克族、达斡尔族牧民中有不少虔诚的信徒。

四　新疆群体

这是主要以新疆塔城市为中心的居住群体。这里地处高原，气候寒冷，而且雨量稀少；所耕种小麦、玉米和向日葵，以人工灌溉为主；这里又是高原牧场，饲养牲畜，是达斡尔人的重要副业；在经济生活中，传统的渔猎业由于受客观条件的限制已经被淘汰。

达斡尔族官兵分成两批，由布特哈地区迁往新疆，时间是在乾隆二十八年（1763）。布特哈地区达斡尔族1000多名官兵携家口迁往新疆伊犁地区驻防，被编为索伦右翼四旗。同治六年（1867），塔城地区达斡尔人计划迁回布特哈原籍，中途滞留额敏河地区种地两年，同治九年（1870）又重迁回塔城地区。

经过300多年的风雨洗礼，新疆达斡尔族人对故乡仍有很强的认同意识，有个别布特哈地区已经消失的达斡尔古语仍保留于新疆的达斡尔语言之中。作为后迁入的人口较少民族，文化上不可避免地要受到周围哈萨克族和维吾尔族不同程度的影响。现在新疆塔城地区的达斡尔族普遍使用哈萨克语作为交际语，母语主要在家庭范围内使用，所说的达斡尔语中哈萨克语借词比较多。他们在与周边不同民族交往中，学会了他们的语言，因此出现了很多通晓数种语言的多语型人才，他们大多从事翻译工作。在饮食文化上也有所改变，例如东北达斡尔族几乎不吃的马肉，却成为新疆达斡尔族的特色食品。据说，达斡尔人迁到塔城后，曾有过两名萨满，前者是女的，名为伊雅德根，后者是男的，名为夏克太

（夏雅德根）。夏克太是民国九年（1920）死的，他的后代现在还在塔城。这两位萨满死后，再没有出现后继的新萨满。①

五 瑷珲群体

这是以现在黑龙江省瑷珲县（今黑河市）为中心居住的群体，主要分布在黑龙江南岸的河谷平原地带。这里气候严寒，适于种植小麦、谷子等耐寒作物。黑龙江盛产各种鱼类，所以渔业比较发达。

康熙二十三年（1684），达斡尔族 500 官兵参加了第一次收复雅克萨的战役。战后官兵留守瑷珲城，编入瑷珲八旗。康熙三十年（1691），调 8 佐达斡尔族官兵及其家属移驻瑷珲。光绪二十年（1894），调布特哈、齐齐哈尔数百名达斡尔族官兵移驻瑷珲城，以加强边防。这些驻防的达斡尔族官兵，长期居住在瑷珲地区，故称瑷珲达斡尔。

由于此地的达斡尔族长期同汉、满族杂居，所以语言习俗受他们的影响比较大，在生产生活方面已经非常接近当地的汉族和满族。

达斡尔族从顺治六年（1649）南迁嫩江流域迄今已有 300 余年，达斡尔族社会经历了从分化到整合的巨大变化。影响社会文化变异的因素主要来自两个方面：一是生态环境的影响。如移居海拉尔草原地区达斡尔族的畜牧业占据了生活中的主导地位，放弃了固有的渔猎、农业的生产方式，改为单一的畜牧业来适应当地特有的生态环境，改变了达斡尔族农、林、牧、渔并举的传统生活方式，这种转变对其民族心理素质和

①　吕大吉、何耀华总主编，满都尔图等主编《中国各民族原始宗教资料集成》达斡尔族卷，中国社会科学出版社，1999，第 333 页。

生活习俗都产生了重要的影响。二是社会环境的影响。这方面因素主要表现在周边民族的影响，由于历史上的特殊原因，达斡尔族多以驻军的形式进入其他民族占据多数的地区生活，其结果是周边民族的影响成为固有文化传统发生变异的重要因素，如表现在语言上的新疆达斡尔人多数以哈萨克语为日常交际语，哈萨克语的词汇、语音也促使新疆达斡尔语发生了很大的变化。从分散各地不同社会群体文化变迁的发展趋势来看，作为人口较少的民族，在适应当地环境的同时，受周边强势文化的影响而发生文化涵化应不可避免。

新中国成立初期经过民族识别，以法律的形式确定了达斡尔族为单一民族，达斡尔族自我主体性得到相应的提高，散居各地的达斡尔人加强了相互之间的沟通交流，努力挖掘传统中的有益成分，以强化民族的独特性，彰显民族个性，凝聚民族意识。

第三节　达斡尔族萨满教概况

萨满教是达斡尔民族固有的宗教信仰，"萨满"一词由满－通古斯语族民族的巫师称谓而来，赵展教授解释为"巫师"之义，也有学者认为是"因兴奋而狂舞的人"。萨满教主要活动范围是在我国的东北和俄罗斯的西伯利亚地区，它以自然万物为神灵，除了至高的天神外，萨满教的众神之间没有明显的等级差别，突出众神皆平等的观念，是森林民族在长期狩猎生活中孕育出的一种自然宗教，氏族社会、公有制经济是其赖以存在和发展的基础。

任继愈在《宗教大辞典》中将宗教定义为："宗教是人类社会发展到一定水平出现的一种社会意识形态和社会文化历史现象。其特点是相信在现实世界之外存在着超自然、超人间的神秘力量或实体。信仰者相信这种神秘力量超越一切并统摄万物，拥有绝对权威，主宰着自然和社会的进程，决定着人世的命运及祸福，从而使人对这一神秘境界产生敬畏和崇拜的思想感情，并由此引申出与之相关的信仰认知和礼仪活动。"[1] 依据此定义的阐释，萨满教具备了作为宗教的基本要素，但从它的原生形态、信仰观念、行为活动来看，将萨满教视为一种自然形成的原生性宗教或巫术宗教更具有解释力。

达斡尔族称萨满为"雅德根"，为叙述方便以下称达斡尔巫师"雅德根"为萨满。萨满是指可以在神灵和人之间进行沟通的人，作为人神沟通的媒介，萨满在古代达斡尔族社会生活中扮演了重要的角色，他在维护社会稳定、培养道德习惯等方面都曾发挥过积极的作用。

在古代科学技术不发达的情况下，面对自然灾害、疾病与猛兽的侵袭，人们无力抵抗，只能被动地接受厄运的降临。在众多的困惑面前，人们信仰神灵，并希望借助神灵的力量来摆脱困境，是非常自然的心理需求。

生活在神秘莫测的原始森林中也容易让人产生各种幻想，就像北方民族都崇拜火，是因为它能抵御严寒，驱散黑夜带来的恐惧和不安，火象征着光明，能给人带来信心、勇气和安全感。同样的道理，狩猎过程中充满了各种意想不到的危险，面对生命中的诸多危机，尤其是在面对疾病、死亡的威胁时，陷入恐惧和焦虑的人们非常希望借助外在超自然力量减缓紧张情绪，并帮助他们摆脱生存危机。

森林民族崇拜萨满，是因为只有通过萨满才能完成人、鬼、神之间

---

① 任继愈主编《宗教大辞典》，上海辞书出版社，1998，第 1 页。

的交流，对各种灾难、疾病的产生原因给予合理的解释，借助于神灵的力量增强人们克服困难的信心，获得一种精神上的安全感，从而恢复平静的生活。在当时，萨满的出现是社会进步的标志，直至今天，萨满教对于在农村与林区生活的达斡尔人仍有一定的影响力。

达斡尔人相信万物有灵，灵魂不灭，这些观念构成了达斡尔族宗教心理的基础。达斡尔人认为世上一切有生命的动植物和无生命的日月星辰、山川河流、风雨雷电、弓箭枪械，包括生活用品都有灵力。从主体心理感受来看，认为物体与现象之间存在着一种神秘的联系，整个世界都充满了神灵，它们无处不在，无时无刻不在关注着世人的行动。虽然人的外在形体可以消亡，但灵魂却依然存在。达斡尔人对长者、老人的死亡，尤其忌讳用"死"这样的字眼，而是说"巴日肯伯勒僧"（bar-ikenboleng）即"成神了"，而且相信他们死后灵魂仍然在彼世活着，可以关照现世亲人的幸福和健康。在亲人去世后，要把他们生前用过的物品随身陪葬，把穿过的衣服烧掉。对于家庭中发生的灾祸与疾病，人们相信，所有绵延不去的灾难或严重的疾病，或者是由祖灵的惩罚引起的，是亡魂在惩罚活着的亲属；或者是疏忽了对祖神的献祭；或者是触犯了禁忌。疾病和灾祸都是由上述原因造成的，是祖灵不再护佑家人的缘故，所以家庭才不得安宁。

达斡尔人认为各种野兽、树木等也有神力，而且与人的灵魂是可以交流的，如果在狩猎活动中处理不当，违犯了禁忌，动物的灵魂会变成恶灵来进行报复。达斡尔族人请萨满看病，萨满往往会指出是某人打过什么动物，得罪了什么神灵，这时候就需要萨满出面，杀猪宰羊拿来做供品，对作祟的鬼怪神灵进行赔礼道歉或驱赶，以此达到治愈病患者的目的。

由万物有灵论的观念渐次衍生出了动物崇拜、自然崇拜和祖先崇拜。达斡尔人的神灵体系非常庞杂，有产生年代久远的"腾格日·巴日肯"（天神）、"博果勒·巴日肯"（动物神）、"霍列日·巴日肯"（动物神）、"霍卓日·巴日肯"（祖先神）、"敖雷·巴日肯"（山神）、"白纳查"（狩猎神），还有专管命运和牲畜安全的"吉雅其·巴日肯"和以求子保平安为其主要职能的"奥蓝·巴日肯"；"图瓦·巴日肯"（火神），该神又叫"盖烈·巴日肯"；"卓力·巴日肯"（奶牛神）；还有从满族、汉族那里传入的司掌儿童成长教育的"娘娘·巴日肯"（娘娘神）等。诸多神灵就像人类的社会分工一样，也有自己的管辖范围，在各自的领域内发挥着具体的职能。

除了上述家族范围内供祭的神灵之外，达斡尔人认为自然万物都有自己的神灵，山有山神、河有河神，还有雷神、星神、土地神等，山林中的各种猛兽、禽鸟都有各自的主神。如果碰到旱情就要祭祀水神祈雨，在狩猎过程中一定要先敬拜山林之主"白纳查"，敬烟敬酒，然后才能心安理得地捕获猎物。如果触犯了凶兽，要延请萨满护法，寻求庇佑，保证猎人平安无事。

自古以来，不同民族对自然现象都有各自的解释，在达斡尔人的宗教观念中"腾格日·巴日肯"（天神）为最高的信仰，它被认为具有掌辖宇宙的最高权力，世上一切事物都是上天赐予的，人间的盛衰兴败、生死轮回，自然界的日月星辰、风雨雷电都由该神司掌。仅天神就由父天（阿查·腾格里）、母天（额沃·腾格里）、公主天（达列·喀托）、官人天（诺托尔·诺颜）等组合而成，他们也有各自的分工。

达斡尔人认为人类的最早起源是天神所造，传说在开天辟地的时候天神造人，是用泥土捏成的，所以人出汗时往身上一搓，泥垢就掉下来了。泥人捏成后，男人都是跪着的，由于地面湿冷，所以男人的膝盖骨都发凉。泥人做完，天上卷起黑云，眼看要下雨了，天神慌忙用耙子把泥人耙在一起，不慎将有的泥人的腿弄断，有的泥人的眼睛弄坏，所以人间有了瘸子和瞎子。

天神也负责主持人间正义，天上的电闪雷鸣被认为是天神在惩治作恶人间的精灵。如果人间出现人类无法战胜的妖魔危害人间，如被达斡尔人称为"布图森·阿塔基"（成精的蜘蛛）的妖魔（就是法力高强、作恶多端的非人力所能战胜的恶灵），"腾格日·巴日肯"为了人间的安宁太平，就要放雷电下界，劈杀蜘蛛精。雷劈树就是因为恶灵栖息在树上。民间认为被雷电击碎的树木具有驱邪的功能，摆在室内，使鬼怪不敢靠近，会保护家人太平不受外邪的侵扰。如果有人被雷电击死，就要请萨满把死者置于高台之上，说明被雷电击中的原因，把死者当作神灵（达斡尔语叫"onggor"）来祭祀。全氏族的祭天仪式一般3年举行一次，如遇特殊情况，涉及氏族整体利益的时候，如瘟疫流行、久旱不雨等，可由族长召集全部落会议，组织举行临时的祭天典礼。祭天典礼非常隆重，一般要持续好几天，如有跳神会，附近村落的人都会赶来观看，场面壮观。从萨满唱诵的祭词中也能看出达斡尔人对天神格外尊崇：

父天听我祷词，

母天了解缘由；

坐在上方的大公主，

用簸箕般的耳朵静听；

坐在角落的大官人，

用明亮的眼睛瞧看吧。

不是没有缘因地祷告，
不是没有灾害地献祭。
为了遵守许过的愿，
在今天的日子里，
献祭你所需的牺牲。
有簸箕样的耳朵，
有黑果样的眼睛，
有能翻地的嘴巴，
有绶子般的尾巴，
有凳子般的腿子，
有叉子般的蹄子，
有黑呢绒般的毛，
有腻人的肥脂。
把可爱肥壮的牲物，
供奉在你的面前。
夺取了它的生命，
把胸腔内脏高举起来，
给门神们告知，
和大门的天在一起，
把四肢的筋剔出来，
把横膈膜拿出外面，
把新鲜血涂在槊上，
把主要的骨骼摆左右；
和天娘娘在一起，

和神娘娘在一同，

在你的左右献祭酬谢，

供奉肩胛和尻骨……①

"博果勒·巴日肯"（动物神）是达斡尔族最早开始崇拜的神。据说，达斡尔人从黑龙江北岸迁来时，还只有这个巴日肯。当时这个巴日肯有很多种，其偶像摆起来约有35尺。现在已经停止供祭此神，它的祭词是这样：

原籍在黑龙江，

根本在黄江。

在济河上高鸣，

在江水中游泳，

在山沟中跳跃，

在沙漠中徘徊。

在江河内有联系，

通过了三道江河，

怒气填胸地下来……②

从叙述的内容看，祭词的历史相当久远，里面出现的地域名称与达斡尔族历史上迁徙的地域或许存在着某种内在的联系。其中的黄江应该

---

① 吕大吉、何耀华总主编，满都尔图等主编《中国各民族原始宗教资料集成》达斡尔族卷，中国社会科学出版社，1999，第302页。

② 吕大吉、何耀华总主编，满都尔图等主编《中国各民族原始宗教资料集成》达斡尔族卷，中国社会科学出版社，1999，第304页。

是指契丹的发源地——西拉木伦河（潢水），西拉木伦按达斡尔语翻译正是黄江之义。"博果勒·巴日肯"很有可能来自达斡尔族在黑龙江流域时期的部落联盟首领博木博果尔。达斡尔族对英雄人物的崇拜由来已久，人们往往把那些能力出众、在民族历史上产生过重大影响的英雄人物或部落酋长奉为神灵，相信他们的灵魂具有超常的能量，死后的魂灵如其生前，会直接影响人们的命运和生活。

"霍列日·巴日肯"（动物神）里面共包括 58 个生物和物件，以被雷电击打致死的人和动物以及使用过的器具作为崇拜对象，其中的人物多以残缺不全的形象出现。该神经常作祟于妇女身上，供祭品要用公牛、牝马、羊、狍子等。"霍列日·巴日肯"被认为是人间具有最大法力的神灵，可以医治世上的种种病痛，而且脾气暴躁，传说霍列日·巴日肯曾闹过皇宫，后被清廷立为神。

"敖雷·巴日肯"（山神），其神灵多为成精的狐狸或黄鼠狼，一般供奉在仓房内，有神像；其神灵有时会附在人的身上，让人突然神经错乱，开始胡言乱语，平日忌讳女子接近此神所在的神龛。此神据传是由内地汉族带入达斡尔地区，此前达斡尔人不供奉此神。

管婴儿病、天花、麻疹的"娘娘·巴日肯"（娘娘神）据说也是后传入达斡尔族地区的神灵，古代的人病急乱投医，只要觉得灵验不管什么神灵都要拜祭，这也是萨满教的一个重要特点。传说达斡尔族的娘娘神出自《封神演义》中的云霄、琼霄、碧霄三姐妹。在中国古代，"娘娘"是对皇后、皇妃特有的尊称，内地的娘娘神也分很多门类，如送子娘娘、催生娘娘、花娘娘、观世音、妈祖等，大体上都是与生育、育儿有关联的神灵。娘娘信仰起源于母系社会的女性崇拜，后来结合佛教、道教还有其他民间信仰的内容杂糅而成，是历史久远的民间信仰。

萨满本人也是领神多多益善，有法力高强的萨满除了自己所领的主神外，根据具体的情况，还可以请十几种不同的神灵下凡附体。萨满根据神灵的分工所请神灵也会有所区别，请每个神灵时跳的请神舞蹈、神调都会有所不同。萨满要熟悉和掌握很多宗教规仪和操作方法，这要经过多年的萨满实践积累才能做到运用自如。

英国宗教学家缪勒在其《宗教的起源与发展》中主张，有四种神灵观念发展的形态：第一是"单一神教"，人们无等差地尊奉着许多神祇，这些独来独往的神相互之间既非并列亦非从属，它们来自不同领域，代表不同品性，而且在各自领域中都是至高无上的。它们在受到祈求时，享有最高神祇的全部属性。第二是"多神教"，信仰许多神灵，但与"单一神教"不同，所有单一神被结合为一个有机整体。出现一位至尊的主神，其他所有神都从属于它，而至上神以外的众神之间是平等的。第三是"唯一神教"，即否定所有其他神，只追求一位至高无上的更真更善的神。第四是"无神论"，无神论并非否定神性观念本身，它只是否定"神性观念中附加的人间的浮夸的与错误的东西"。无神论者摆脱了对"神"的人格依赖，"以新的方式"进行着对神性超越的追求。[1] 他所说的单一神教的情况比较合乎达斡尔族宗教信仰的情形，就神灵崇拜而言，达斡尔族萨满教单一神教的特征十分显著。

达斡尔人的观念中，整个世界是由上界、中界和下界组成。上界即天界是神灵居住的世界，达斡尔语称为"腾格日"（Tenger），中界即指人间世界，下界是人死后要去的地方，掌管阴间的首领叫"伊热木汗"，

---

① 〔英〕麦克斯·缪勒：《宗教的起源与发展》，金泽译，上海人民出版社，1989，第 180 页。

民间认为伊热木汗决定人寿命长短，生前作恶多端的人死后要到阴间接受种种残酷的折磨，将来转世投胎时会变为禽兽，任人宰割，劳苦一生。很多民间故事中也描写了有些人因为种种善行和美德，打动了伊热木汗（阎王）而增长了寿数。活在人间的萨满则是可以上天入地、神通广大的人物，他的职能是为患者驱鬼治病，进行占卜预测吉凶祸福，主持祭祀仪式祈求生产丰收、消除灾祸等。当时人们并没有认识到生病是一种自然现象，认为疾病是外界的灵力侵入人体所致，所以要请萨满来降神化解。一般对作祟鬼灵通过驱逐和祈求两种途径来达到目的。而且认为只有失去灵魂的人才会死亡，所以遇到病危的患者，就以为灵魂已离开肉体被带到了阴间世界，萨满要在夜间举行追魂仪式，去找"伊热木汗"交涉要回病者的灵魂，使病者灵魂回归身体恢复健康。

萨满的传承有世袭和非世袭两种，这样就产生了氏族萨满和外来萨满。《呼伦贝尔概要》中记载：其（萨满教）派别有二，一为本族人氏之萨满，即每一氏族均有其本族之萨满，凡某氏族中人民之疾病祸灾，皆与彼有密切之关系；一为非氏族之萨满，即所谓由狐仙或鬼魂等所成之萨满。凡信仰其神灵者，无论其为何种氏族，亦皆与彼有密切之关系云。[1] 氏族萨满又称莫昆萨满，就是在老萨满死后，由其神灵在本莫昆内选择合适人选，经过培训和领祖先神仪式，就被承认为是本氏族的新一代萨满，由他来主持氏族内的祭祀。还有奉其他神灵为主神的外来萨满，达斡尔人称作"博迪·雅德根"，这样的萨满不参加氏族的各类祭祀活动，主要职能是看病、祷告等。一般情况下，氏族萨满的社会地位

---

① 邹尚友、朱枕心：《呼伦贝尔概要》，载《达斡尔资料集》第1集，民族出版社，1996，第17页。

要高于外来萨满，备受尊敬。不过，如果外来萨满比较灵验，治病效果好，也会声名远播，让人们笃信他的神力，因此，萨满本身的修为和法力成为决定性的因素。

除了萨满，达斡尔族神职人员根据职能不同又可划分为好几个种类。斡托西，一般为女性，专为儿童看病，是"娘娘·巴日肯"的祭祀者，擅长治疗天花、麻疹，对头疼脑热地方性疾病采用扎针或拔罐进行治疗，对小孩儿无端哭闹、受到惊吓的症状也很有办法，但没有神衣也不能进入神灵附体的状态。

巴尔西，此类神职人员没有神衣，也不能进入神灵附体的状态，主要治疗骨折、疥疮、脑震荡等属于外科的症状，采用吹仙气、喷酒、敷草药等治疗手段，往往能减轻患者的病痛，很有疗效。

巴列钦，就是助产婆，多由经验丰富的中老年妇女担任。在地方上妇女临产之时，也请巴列钦助产，因为医院里的年轻护士缺乏实践经验，对出现的异常情况往往缺乏应对措施，最后还要请巴列钦才能保证母子平安。这些人实践经验丰富，加之地方性知识也很实用，所以对这些人的存在价值还不能一概否定。

巴格其，俗称二神，也就是萨满的助手，多由男性来充任，这些人能说会道而且声音洪亮，有一定的表演才能。在举行仪式时担任伴唱，站在萨满的身后充当助手，在萨满昏迷、神志不清跌倒的时候，巴格其要及时将萨满扶起，以免受伤，并让昏迷中的萨满苏醒过来，祈求下凡神灵，当萨满请的神灵附体之后，由巴格其充当代言人，向人们传达神灵的法旨。所谓三分大神，七分二神，在萨满作法过程中，二神扮演着重要的角色。

达斡尔族的萨满大多由一些身体或精神上有缺陷的人充任，他们一般都不脱离劳动生产，在社会中也没有什么特权。"惟萨满教无寺庙，无经典。只相信有一种神灵，择一相当之人，为其使者，时常降附其心，藉以传达鬼神消息，命其使者，以治疗人民之各种疾病，人民即称此项使者为萨满。凡萨满帽上均有二铜角，如鹿角然，上悬彩绫，向后垂之，如披发然。衣前面系小铜镜小铜铃各六十，衣背中悬大铜镜一，并以四中铜镜附之。其下系锦绣条裙，如尾垂然。并一手执单面鼓，一手执鼓槌，口唱呼神歌，且击且唱，唱毕先进退跳舞数次，再环绕旋转数次，倏忽间僵仆于地，俄顷又苏。此时神灵已降附其心，遂由邀请者叩问疾病原因及如何救治方法。俗所谓跳神，即此是也。"① 这是萨满教的基本情况，相对于现代宗教而言，萨满教没有统一的组织和举行仪式的固定场所，更没有经典性的著作。但萨满举行的宗教仪式的内容却异常丰富，充满想象力，萨满教的各种表现形式对传统达斡尔族社会施予的影响是全面而深刻的。其艺术表现形式融宗教、礼仪、文学、音乐、舞蹈为一体，其中包含悠扬动听的萨满神歌，诗歌般音韵和谐的萨满伊若（祷词），变化多姿的跳神舞蹈，这些艺术形式对达斡尔族民间文艺的形成产生过很大的影响，很多民间的习俗就直接来源于萨满宗教礼仪。萨满教作为传统文化中最核心部分，已经渗入人们的日常生活中，沉淀在民族深层心理意识中，潜移默化着达斡尔人的心智结构、精神活动和创造行为，左右着人们的行为规则、价值取向和审美追求。可以说，不了解萨满文化，就无从了解达斡尔族的社会文化。

---

① 邹尚友、朱枕心：《呼伦贝尔概要》，载《达斡尔资料集》第 1 集，民族出版社，1996，第 17 页。

第二章
萨满其人

第一节　"雅德根"词义解析

正确解读"萨满"含义，对了解萨满教的起源、功能都具有重要的意义，国内外的研究者在这方面做了许多工作，取得了很大的进展。《萨满教研究》一书的作者认为"萨满"意为"激动、不安和疯狂的人"；赵展教授在《满族文化与宗教研究》一书中则把"萨满"一词解释为"巫师"。近来的研究成果显示，"萨满"可能是由满－通古斯语族中表示"知道""知晓"的词根演变而来的词汇，具有"无所不知的智者"的含义。

追溯萨满的历史，就要到它最早的发源地去寻找。"如果把某种文化现象的起源、成为该现象专用名词的某民族语言作为前提来看的话，埃文基人当之无愧是西伯利亚萨满的'始祖'。在他们中间有特殊的萨满氏族——萨玛基尔。"① 其中的"萨玛"就是"萨满"。在古老的通古斯氏族名称之后，都带有词尾基尔，所以很容易识别出来。"萨满"一词最早见于文献记载是在我国南宋时期，《金史宫词》卷十八引徐梦莘所著《三朝北盟会编》一书中写道："兀室（乌舍）奸猾而有才，自制女真法律、文字，成其一国。国人号为珊蛮。珊蛮者，女真语巫妪也，以其通变若神。粘罕以下皆莫之能及。"其中的"珊蛮"就是"萨满"同音的汉字异写，来自女真语，意为年长的女巫。

　　萨满教最早是指西伯利亚地区土著民族的宗教信仰，后来被推而广之，产生巨大的影响，成为世界各民族原始信仰的通用词语。这是由俄国学者率先提出的，并被国际学术界所接受。17 世纪下半叶，在艾瓦库牟大主教一行人的西伯利亚旅行中，指挥官十分渴望知道此次远征的运气，便请附近的通古斯萨满预测。艾瓦库牟大主教却将萨满视为对手，通过祈祷阻碍萨满的预测，与其展开竞争。结果萨满预测天气失准，大主教获得了胜利。在大主教所写的报道中，首次提到萨满，并指出了萨满的宗教作用。从此，在游记、俄国文献和传教士的活动中，"萨满"用以指称发现于西伯利亚地区的宗教职能者。西方了解这一名称则是一个世纪以后的事了，主要得益于一些旅行家的游记。

　　"萨满"一词最早是由到西伯利亚的旅行探险者引入学术界的。17世纪后半叶，俄国和其他欧洲国家的旅行家、探险家、民族学家纷至西伯利亚旅行和考察，发现当地通古斯人的宗教信仰萨满教及其宗教巫师萨满迥别于西方的宗教体系，难以用已有的宗教术语来表述他们的宗教形态，只好因袭其传统，仍称其宗教巫师为"萨满"，并依此称其宗教

---

① 〔苏〕图戈卢科夫：《西伯利亚埃文基人》，呼伦贝尔盟文联选编，2000，第 132 页。

信仰为"萨满教"。在此后 300 多年的时间里，旅行家、探险家、民族学家和宗教学家们先后在北美、南美、北欧、北极、东南亚、澳大利亚和大洋洲等地发现了在类型与功能上与通古斯萨满教相似的宗教现象，遂将这一带有普遍性的宗教现象统称为"萨满教"，"萨满"也由原来通古斯人的民俗用语上升为学术用语。在长达几个世纪的时间里，"萨满"一词所具有的双重含义始终并行不悖：在通古斯语族社会，人们使用它仍仅指本民族的宗教巫师；在学术界，"萨满"一词则成为意义广泛的学术用语。[①]

中国北方阿尔泰语系诸多民族历史上都曾信仰萨满教，他们都用自己的专有名称来称呼自己的巫师。西伯利亚有的种族把自己的萨满称作"喀木"。"喀木""坎""干"等都是同一含义称谓的不同发音，与蒙古语用来代表首领的"汗"意义相同。维吾尔族、哈萨克族的萨满称为"巴克西"，意指"有学识的人"；蒙古人称男萨满为"孛额"，女萨满为"亦都罕"或"乌得干"。"乌得干"这个词产生于蒙古母权制时代，它比"孛额"的产生要早，在汉语里"卜"具有算卦的意思，这个词产生得很早，大概在公元前 11 ~ 前 8 世纪。因此蒙古语的"孛额"有可能是由这个词的语音派生出来的音调。[②]

达斡尔人的萨满不管男、女都称为"雅德根"。达斡尔语的"雅德根"与蒙古族的"亦都罕"或"乌得干"是有共同来源的词，是没有产生蒙古族男巫专有称谓"孛额"之前就有的巫师名称。从男、女社会分工的角度，笔者认为是先有女萨满的称谓，然后才出现了男、女有别的

---

① 郭淑云：《"萨满"词源与词义考析》，《西北民族研究》2007 年第 1 期。
② 〔蒙〕策·达赖：《蒙古萨满教简史》，中国社会科学院民族研究所编印，1978，第 33 页。

不同称谓。

对"雅德根"一词的含义，在此前的研究中还未见探讨，结合已有的研究成果，从语言学的角度，对"雅德根"一词具体语义进行分析。达斡尔语中有两个具有不同含义的词合并为一词的现象，结合两个词汇的含义，再造出一个新词。例如：达斡尔语中的"伯父"（hikaqaa）这个词是由表示"大"的（hig）和表示"兄长"的（aka），还有表示"父亲"的（aqaa）合并而来，经过重新组合的新词在连读、快读过程中，会发生轻音脱落、弱化的现象。最终演变成现代表示"伯父"（hikaqaa）的固定词。类此，还有指代山神的词语"白纳查"，就是由代表"富裕"（baiyin）和表示"父亲"含义的（aqaa）结合而来，在进行组合的过程中，也发生了辅音的增减、语音弱化和脱落的现象，经过合成，该词具有了新的含义，其意为"山林万物之主"。这种由单纯词粘合派生新词的词例，是达斡尔语构词的重要方法之一。"雅德根"（yade-gen）称谓的汉字写法有多种变体形式，在齐齐哈尔方言中汉字写作"雅达干""亦都罕"等。因此笔者认为词尾后缀的"gen"是由表示部落首领的"汗"音变而来，表示酋长或部落首领。在达斡尔语中，掌管冥界的首领被称为"伊热木汗"，就有后缀代表首领的"汗"音。除了上述（gen）的后缀外，"雅德根"一词前面部分的雅德（yade）是由表示预兆的"雅若"（yor）和表示知道、知晓之义的词"莫德"（mde）结合而来。两个单纯词结合为新的合成词时，有时出现轻音的弱化、脱落，在达斡尔语中有很多此类由单纯词组合派生的新词，"雅德根"就是由预兆、知晓、首领三个词合并而成的新词，所以，它的含义应为"预言者"或"占卜者"更合适。从萨满社会职能角度来考察，把他们理解为氏族部落的先知、智者也比较符合萨满在社会生活中担当的角色。

古代的萨满是部落中的重要人物，一般大规模的行动都要事先征求萨满的意见，不经过他的允许部众不敢轻举妄动。《辽史拾遗》卷十三记载，行军不择日，用艾或马粪，于白羊琵琶骨下灸之，灸破便出行，灸不破便不出。[①] 对中世纪突厥人的生活方式做过研究的欧洲观察家们曾经指出："在当时的社会中，拥有远见天赋的人具有特殊地位。……（突厥人）委任那些他们认为能够预言未来的人担任自己的祭司。在古突厥社会中，萨满的基本职能之一正是预言和占卜。"[②] 这说明，古代的预言家在社会生活中扮演了极其重要的角色，被认为是神灵相助的人。

所谓占卜，据《辞源》解释，就是"视兆以知吉凶"，所谓"兆"，就是人们借以判断吉凶的各种现象。人类由于不可思议的现象而引起惊畏的感情和谬误的推理，便产生了对预兆的信仰，并进而使用某种工具进行占卜，以期发现过去、未来或现在的神秘，借以安慰个人的或团体的不安心灵。利用自然物占卜的方法，即为预兆。预兆的特质，是应用象征原理解释意外的偶发现象以推测其结果。而所谓偶发现象通常是指动物的怪异举动、不合时令的植物花果以及地理的变异等。

古代人类的生产力水平和认识能力都非常低下，生活在山林中的狩猎部落，居无定所，常年游弋于崇山峻岭之间，狩猎民族生存所需的食物来源主要是山林中各种动物和野菜、野果。森林狩猎活动不确定因素很多，与农业生产的按照全年节气有规律的耕作、目标明确相比，狩猎活动带有更多的随意性和不确定性。有时会获得丰收，有时一无所获，付出与收获之间不成正比，加之生活条件简陋，肉类食品不耐贮藏，不

---

① 《辽史拾遗》，中华书局，1985，第 249 页。

② 〔苏〕里沃娃：《萨满教起源研究资料》，《萨满教文化研究》第 2 辑，天津古籍出版社，1990，第 56 页。

像粮食那样可以存放很久而不变质，因此，食物上的供给时常发生短缺。饮食起居的不稳定也影响到人们的精神活动。在众多的困惑面前，人们信仰神灵，更愿意相信命中注定，将所有的这一切都归之于神灵的赏罚，并希望借助神灵的力量摆脱困境，是非常自然的心理需求。

无法把握自己命运的人们，只好把自己所有的希望都寄托在神的指示上。作为神灵的代言人，萨满被部落族众视为无所不知、无所不晓的智慧化身，地位极高，备受尊崇。狩猎中可能遇上的好坏运气，出猎的方向、季节、地点都要请萨满来进行占卜，根据预测的结果决定下一步的行动。对各种无法解释的自然现象，生活中遇到困难与麻烦，同外部族的竞争中是选择战争还是和平解决冲突，所有这些问题都要求神问卜之后才能得到满意的解答，占卜成了人们日常生活中不可或缺的一项重要内容。中国古人很早就认识到："凡事预则立，不预则废。"现代学者经过研究认为："社会预测作为人类才具有的一种超前思维形式，在历史上大致先后经历了神灵性预测和经验性预测、哲理性预测、实证性预测四阶段。其发展经历了一个由愚昧逐步趋于科学的过程。"[1] 古代萨满所进行的占卜大致属于神灵性预测、经验性预测的范畴。神灵性预测主要是指人类建立在宗教迷信基础上的占卜预测。经验性预测是指人类通过对社会现象的长期观察，在多次重复出现的事物中获得一些经验性的知识，并据此对社会现象进行的预测形式。经验性预测来源于自发的原始直观预测，是在占卜预测发展的同时发展着的一种唯物的预测方式。这两种预测现在看来都缺少科学依据，是早期人类社会带着原始直观预测痕迹的感性预测，缺少认识论上的理性基础。

---

① 　阎耀军：《从古代龟蓍占卜到现代科学预测》，《湖北社会科学》2006 年第 3 期。

第二节　萨满的生与死

一　产生萨满的过程

本书所指涉萨满的生，主要有两方面的含义：一是指萨满作为人的出生；二是指社会中的普通人，经过各种磨难，最后领神而转变为萨满的过程。按照李亦园先生的归类，产生神媒或乩童的方法，可以分别为先天的、文化的和社会的三种。[①] 上述归纳总结具有一定的合理性，是李亦园先生从事多年民间信仰研究的心得体会。下面从这三个方面来谈萨满的产生过程。

在传统萨满教信仰观念中，那些青少年时期患神经疾病者被视为当萨满的征兆。尼翰拉兹在《西伯利亚各民族之萨满教》中写道："可取得萨满之资格概在自儿童青年之过渡期中，因此时期乃身体发育精神昂奋之时也。此种资格之征兆，即为灵的现象，如频频晕眩，失神，有预言未来之能力等等。神经特别失常之儿童，往往惹邻人注意，而信未来之萨满当系此儿。"[②]

苏联学者经过深入的实地考察，参与观察当地萨满的成长过程，认为西伯利亚对于萨满教来说有非常适宜的条件。严酷的自然和完全服从于其难以抗争的小集团人群的生活，人们的心理日常感觉容易产

---

① 李亦园：《宗教与神话》，广西师范大学出版社，2004，第 134 页。

② 〔波兰〕尼翰拉兹：《西伯利亚各民族之萨满教》，中国社会科学院民族研究所编印，1978，第 37 页。

生某种紊乱。这种紊乱导致萨满的忘我状态，从孩提时就有发生。1926 年，图鲁河畔的雅诺夫斯坦村寄宿制学校贴出一张通知："就读中的萨满不准演示技艺。"著名民族学者格·讷·普罗科费耶夫在这个学校任教时有过亲身经历，"学校里的孩子们中有一个在发抖，孩子们全都大声喊叫。这是'萨满发作'的结果"[①]。从以上现象可以看出，萨满的产生是特定的自然环境和生活方式造就的，为某些人先天就拥有的特殊精神气质。

我国北方森林地区从事游猎生活的鄂伦春人，认为有下面几个特征的人未来可当萨满：第一，在婴儿降生时，胎胞不破，需要用刀取出者。遇到这种情况，都是把胎胞整个剥下来，用它制作一个萨满用的鼓放在野外，小孩才能养活，否则寿命不会很长。第二，患重病后长期不愈，请萨满跳神看出患者要成为萨满，因为神在他的眼和耳处都打上了标记。第三，突然患癫痫病，咬牙切齿，乱跳乱舞，也是要当萨满的征兆。在这三种情况下，请跳神请愿，许下当萨满，所患的病很快就会痊愈。[②]

达斡尔人也认为，萨满是超乎寻常的人，并不是人人都可以当萨满，萨满的有些特质是常人不具备的，要成为萨满还要承受从精神到身体的各种折磨。"当雅德根是以久病不愈为其征兆，尤其神经错乱者，被认为他已被上一代雅德根的神灵选中，非许愿当雅德根不能康复。此类患者请雅德根看病，被认定为要当雅德根，请一个资格较老的雅德根为师，

---

① 〔苏〕图戈卢科夫：《西伯利亚埃文基人》，呼伦贝尔盟文联选编，2000，第133 页。

② 吕大吉、何耀华总主编，满都尔图等主编《中国各民族原始宗教资料集成》鄂伦春族卷，中国社会科学出版社，1999，第 41 页。

选择春季或冬季农闲季节的夜晚跳神，学习掌握当雅德根的基本要领。这种跳神训练至少进行一个冬季，有的甚至持续两三年，以跳的神智不清为标志，所领的神的'温果尔'附体，才正式被承认为雅德根。"[1] 经过领神仪式的萨满称为"嘎日僧·雅德根"，即已出徒的萨满，否则称为"布图·雅德根"，即封闭的雅德根。下面是萨满对自己被选当萨满理由陈述的祷词片段：

> 由于我骨头洁白；
>
> 你就选定了我；
>
> 由于我血液纯洁，
>
> 你就附在我身上；
>
> 从我出生之时起，
>
> 你就占据了我；
>
> 从我睡摇篮之时起，
>
> 你就带领着我；
>
> 要我继承"雅德根"的职责，
>
> 走上"安德"的道路。
>
> 由于不能回绝挣脱，
>
> 为了族众的安宁，
>
> 我承受了你的选择，
>
> 当了"莫昆"的"雅德根"。[2]

---

[1] 《达斡尔族社会历史调查》，内蒙古人民出版社，1986，第262页。

[2] 吕大吉、何耀华总主编，满都尔图等主编《中国各民族原始宗教资料集成》达斡尔族卷，中国社会科学出版社，1999，第339页。

　　从祷词中可以看出被选萨满的无奈之情。过去人们都不太情愿当萨满，因为萨满是把身心献给神灵的人，死后要进行风葬，不能进莫昆公墓内安葬。民间传说，在很早以前，敖拉哈拉莫昆某人有一个女儿，小的时候许给杜尔塔莫昆某男为妻。这女孩从小闹病，16岁时萨满看了说她要出萨满，祈祷之后病好了。但父亲不同意她当萨满，她便乘父亲去甘珠尔庙拉脚不在家之机会，请一萨满为师，请神附体学萨满。不久父亲回来，一气之下将神线割断，女儿也随之死去。三日后老父也死去，接着，杜尔塔莫昆的人大量死亡，人们无奈，便供该女孩为霍卓尔·巴日肯。这是阻止子女当萨满的一例。不愿意子女成为萨满的深层原因还在于，萨满给氏族的人跳神看病，没有固定的报酬，祭祀用的牛、马、羊等供品都是大家共同分享，被治愈后的病人家庭只会以微薄礼品表达酬谢之意，氏族萨满并不能利用自己的特殊身份来牟取更多的利益。相反，莫昆中凡遇大事小情都要祈请萨满，无分昼夜，按照族规萨满不能推辞，因此，出萨满的家庭深受其扰，家中老人更是苦不堪言，所以家长一般都不支持家中子女担当萨满。此外，达斡尔人表现出的自尊心强、好面子的性格特征也是重要的原因。达斡尔俗话说："叫人羞死，不如打死。"家长害怕子女出去替人求神治病，出了差错，遭人背后议论。

　　通过观察可以发现，萨满的有些特性是后天所习，有些特性则是由继承而来。有些人的这些特性是借用别人的，模仿别人而来，而有些人却是真正拥有这些特性。狩猎民族长年过着居无定所的游猎生活，在原始森林中经常会遇到各种猛兽和诡异的自然现象，尤其是在黑夜里会听到各种奇异的声音，往往使作为个体的人在心理上承受巨大的压力。在狩猎活动中也经常会遇到各种突发事件，猎人行猎过程中会格外小心，经常处于胆战心惊的状态，从烦琐严格的狩猎禁忌中也可窥见猎人对狩猎活动的心有余悸。经年累月的惊恐生活易使人们变得神经紧张、躁动不安，精神状态变得极其不稳定，经历千万年的漫长岁月，一代一代的沉淀积累，这些特质已经渗入血液生命中，使其中的一些人具备了特殊的萨满精神特质，从而把萨满跟普通人区别开来。

凡人只是偶尔能体验到这种与神灵相接的迷幻状态，而极个别的人这种特质会特别明显，属于经常性发作、精神异常的人。具有这种资质的人经过老萨满的引导和培训，进行各种身体和心理方面的调理，逐渐让他的病发症状变得有规律，成为一种习惯性的条件反射。譬如听到鼓声、某种器物或萨满音乐，就会刺激其中枢神经，使他很快就能进入失控的神灵附体状态。经验丰富的萨满在神灵附体之前会有某种预感，有的会感觉到身体发凉、手脚变硬；有的感觉整个身体飘浮起来，感觉到腾云驾雾般的快感。萨满师傅的职责就是引导新萨满学会如何控制发作以及进行自我心理暗示的技巧，在宗教活动中如何使用各种致幻剂，如酒精饮料、吸嗅烟草香火或类似的麻醉品，特别是音乐等有助于达到精神亢奋、狂迷忘我状态的辅助工具。同时，还要传授演唱萨满神调、萨满舞蹈等表演技术以及相应的医疗知识，使新萨满了解一定的宗教仪式程序和治疗病人的技术，最终完成由普通人向神职人员的蜕变，承担起氏族和族众赋予的历史使命。萨满也不是在所有的宗教活动中都能进入忘我的神灵附体状态，很多场合中只是在做萨满表演。

下面是一个特例，内蒙古莫力达瓦旗乌兰牧骑编排了一个大型的舞台节目《太阳神》，其造型题材取自萨满跳神时的音乐和动作。有一次，演员们进行表演时，开始敲击手中的萨满鼓，随着富有节奏的鼓声，演员们翩翩起舞，当鼓声变得激越，表演进入高潮时，有一位演员出现异常的症状，进入神灵附体的迷狂状态，最后昏倒在台上，自此以后该演员不再登台表演节目。这件事情在莫力达瓦旗广为流传，当地人解释这是因为"霍卓尔惕"，即是有祖根的意思，是祖上的神灵找到了他，附体上身，才会进入昏迷的状态。

在笔者接触过的几位萨满中，呼伦贝尔市鄂温克旗斯琴挂萨满的经历很有典型性。斯琴挂家住鄂温克旗巴彦托海镇里，笔者辗转通过别人打听到她家的住址，提供信息的这个人姓吴，海拉尔南屯的达斡尔族，祖辈是从齐齐哈尔迁徙而来。据她介绍：自己就找过斯琴挂看病，听过斯琴挂唱萨满神调，说里面有好多词语听不懂。她的解释是这样的：斯琴挂本人是蒙文学校毕业的，可能在达斡尔语里面混进了蒙语词汇，所以有的地方听不懂。斯琴挂家里供的是她的曾祖父拉萨满，去看病的人都向其曾祖父的照片磕头，斯琴挂有法器，看病的时候把念珠立起来，经常去五台山等地参拜等。以上是笔者在见到斯琴挂本人之前获得的初步印象。

斯琴挂的家并不难找，她住的房子外面刷成粉色，在众多的砖瓦房中分外醒目，庭院很深，屋内墙壁则刷成蓝色。斯琴挂身材高大，说话中气很足，大脸庞，细长的眼睛，能给人以充分的信任感。她曾在新左旗教育系统工作多年，后退休回老家定居。拜访她时正赶上她在给人看病，看病的过程很有意思，先是询问病人的一些具体情况，如病人的年龄、姓名、属相等，同时在本子上进行记录，记录是用蒙古文来书写的。然后把挂在脖子上的念珠取下来，放在桌子上摆平，用手捋顺，然后抓住一头，顺着手掌旋转一周，握住拳头，让念珠从手心竖立起来，通过法器念珠得到神灵的暗示，为病人祛病除邪。这时看病的人要把带来的酒献上，她让病人把瓶盖打开，用嘴对着瓶口默念咒语，最后吹一口气，让病人把酒盖封上，带回去按时饮用。有的病人会被指点去医院，并告诉他应该吃什么样的药。一位牧区男子看病之时，斯琴挂经过详细咨询后，喝了一口病人带来的酒，酒在嘴里停留片刻后，斯琴挂将口中的酒喷在病人的脸上。当时这名男子很激动，脸上模糊不清，已经看不清到底是泪水还是酒水，斯琴挂告诫他三个月不能沾酒，晚上不许出门。而后，那男子的母亲到东北角的朱红色立柜前祭拜，供桌上点着长明灯，在灯后面并排摆着三个青色酒杯，在立柜镜框里摆放着各种祭祀器物，正中摆着斯琴挂曾祖父拉萨满的照片。在家里看病时，斯琴挂一般不穿神服，只有遇到重患者时才跳神，穿上萨满神衣请神灵附体进行治疗。到斯琴挂家里看病的人很多，她一般只在上午看病，在大约两个小时的时间里，有四五拨人来找她看病、掐算良辰吉日。

斯琴挂给笔者提供了几份资料，其中就有她在 2006 年参加在长春举办的国际萨满学术研讨会期间发言内容的记录，里面详细谈了她成为萨满的经历。下面是她发言的内容：

> 我叫斯琴挂，达斡尔族。我们家族姓鄂嫩哈拉。鄂嫩哈拉是达斡尔族中较大的姓氏，世代信仰萨满文化。我们家族每隔几代就出现一个萨满，到我这代已是鄂嫩哈拉·博索克浅·莫昆的第七代霍卓尔·雅德根了。萨满文化作为达斡尔族传统文化的一部分延续至今。然而，让人遗憾的是，这一古老的萨满文化正面临消亡的危险。现如今，在达斡尔族中真正世袭的哈拉·莫昆萨满越来越少。据我了解，目前呼伦贝尔地区达斡尔族霍卓尔·雅德根只有我和我徒弟二人。因此，作为达斡尔族的萨满，作为鄂嫩哈拉萨满传承人，我有责任将达斡尔族的萨满文化传承下去，并且发扬光大。为此，就自身在传承萨满职责过程中的点滴感悟与大家探讨。

一 "萨满病"是神抓萨满的最初体现

达斡尔族的萨满传承，虽不实行世袭制，但霍卓尔·雅德根必须在本哈拉·莫昆的子孙内传承。但并不一定在萨满死后立刻产生新萨满，甚至相隔几代后才出现接续的下一代萨满，也有的哈拉·莫昆传了几代以后就失传了，所以不是每个哈拉·莫昆都有萨满。还有个别的博迪·雅德根，以领外来神为主要神灵，其传承不受氏族限制。不论氏族内或是氏族外，凡是当萨满的人，并非根据自己的意愿当的，多数人在青少年时就体弱多病，气色和平常人两样，经多方求医无效，无奈之下找其他萨满占卜或在祖神前许诺愿当萨满后，病体才逐渐好转，直到正式当了萨满，才能完全恢复。这在达斡尔族萨满中比较普遍，我和徒弟也经历过这种病痛的折磨。

我从 14 岁开始就体弱多病，父母领我走遍当地及周边的大小医院求医，均无疗效。随着年龄的增长，病情不见好转，30 岁以后，身体越来越差，家人带我辗转到各大城市的医院治疗，也没有显著效果，终日疾病缠身，苦不堪言。这种状况持续到我 48 岁那年，从我正式接任家族世代传承的萨满一职，才不再受疾病的困扰。

我的徒弟沃菊芬的情况跟我相同。她现在是沃德哈拉·绰古罗·莫昆的第七代霍卓尔·雅德根。沃菊芬幼年丧父，兄弟姐妹八人，其中五人早天。她本人多年各种疾病缠身，精神异常，30 多年间，行遍中国北方地区，多方求医问药，没有任何效果。其间经历了丧父、丧女之痛，原本殷实的家业也都在治病过程中消耗殆尽。多重的打击，病痛的折磨，使她体重骤降至不足 40 公斤，甚至走路都困难，就在几乎放弃治疗的时候，听人介绍，找到我，在我的指点下，于 2001 年 8 月出马，正式成为穿扎瓦（神服）的霍卓尔·雅德根，领其家族的龙凤神灵。她是除我之外唯一穿扎瓦的达斡尔族萨满。现在她身体健康，各种病痛都已消失。

二 "神灵托梦"是重要的信息传递渠道

在达斡尔族萨满传承中还有一点，即占有重要地位的"神灵托梦"。上面提到的"萨满病"是神抓萨满的最初体现，也就是新萨满的产生，要经过上代萨满神灵对后代继承者的选择，在被选择的传承人无法领悟"霍卓尔"意图的情况下，神灵以托梦的形式把这一意愿传达给传承人，而传承人则通过梦的指引走上萨满之路。这也是我在患病30多年间，反复做着相同的梦的缘故。

最初我常梦见天界、宫殿、山川、大地，梦见最多的是一位老人和龙凤，但我不知道梦中所传递的信息。逐渐地，梦中的老人越来越清晰，在梦中他告诉我如何艰难地找到我，要我继承他的萨满职责，到这时我才知道，我家祖上几代都有萨满，梦中的老人是我的曾祖父拉萨满。而梦见的天界、宫殿、山川、大地等是达斡尔族萨满所依托的大自然环境，龙凤则是我家族的"翁古尔"，即所领的神灵。虽然知道拉萨满曾祖父选择了我，我也决定接受祖先萨满的信仰，传承萨满文化，但我根本不懂得任何规矩，于是梦中不断出现我需要的景象。根据梦的指导，我知道自己于1998年三月初三（农历）龙日出道，出道的时候需要用四只羊、一只鸡来祭祀，要准备弓、箭等物品，要在院子中立三棵神树，搭建一个蒙古包。后来我出道的仪式和梦中所见到的场景一模一样。

因出道的时间限制，出道的时候我只穿了用十六尺布做成的达斡尔长袍，没有正式的萨满服饰。出道的第三天晚上，梦见曾祖父拉萨满告诉我，要想找到他生前的萨满服，就去问一个叫八旗的人。

我当时根本不知道如何找到八旗这个人，第二天八旗的儿媳却突然来到我家串门，告诉我她的公公就是我要找的人。后来八旗老爷子告诉我，当时我曾祖父拉萨满去世的时候，他正任巴彦托海镇镇长，记得曾祖父的萨满服被两个哈尔滨人拿走，并辗转售到外地，已无从寻找。

后来，我根据梦中提示的萨满服饰的特点，做了自己的萨满服和面具。据老人说，我的萨满服和面具与曾祖父拉萨满的一模一样。

达斡尔族各个莫昆的萨满所供奉的自然类神灵大体是相同的，但因姓氏的不同所供奉的祖先神灵有相当大的区别。我所领的神灵和供奉的神灵都是通过梦立起来。除了神灵托梦给我之外，我在为别人立神或治病的时候也向神灵寻求梦，根据梦的指引去完成。正是在梦的指引下，我一步一步走上了萨满之路。所以说，在达斡尔族萨满传承中，"梦"作为重要的信息传递渠道发挥着尤为重要的作用。

三　"神灵附体"是成为萨满的重要标志

最初的"神灵附体"，发生于早年我患病期间。我时常做梦，而梦中的情景时常出现在现实生活中，而让我困惑的是，我常常在梦中感觉后半夜窗户被掀开一个小角，吹进来一阵风，我立刻感到腰部发麻，就在梦中起床喝酒，一般能喝两斤酒，然后不停地说话，最后总说一句"我不为难我的姑娘了"就倒下，醒来后就什么也不知道了。当时，我真是理不清头绪。逐渐地，一切开始开朗，我才知道这个梦其实就是拉萨满曾祖父的神灵在附体，之后的一段时间经常是这样，因此我也想尽早接续上辈神灵的萨满一职。但作为一个上辈萨满神灵选定的后继者，要真正成为一个被大家认可和信服的霍卓尔·雅德根，必须举行正式"阿伦库·马勒特吉""托若·托勒背"（出马）仪式，请神灵降临附体，此后该神灵就成为其"翁古尔"。这样才能成为名副其实的萨满。

我的"阿伦库·马勒特吉""托若·托勒背"仪式是在1998年三月初三（农历）龙日举行。这也是"霍卓尔"曾祖父的神灵在梦中指定的日期。在礼仪前，根据梦的暗示，我提前把仪式所需的贡品四只羊，一只鸡，所用的弓、箭等物品准备齐全，并在院子中搭建了一个蒙古包，竖立三棵撮罗树（桦树），树冠以彩条装饰，其中两棵并立于蒙古包中，一棵立在蒙古包外前方九丈远的地方，在撮罗树之间绑撮罗绳，撮罗绳用整张牛皮卷成，无接口，粗细均匀，绳上挂八色旗。蒙古包内设祭台，供奉萨满祖先，上面摆放祖先神像、贡品。

仪式当天，我在蒙古包前面向祖先灵位祭拜之后，手持神鼓，边击鼓边唱神调，请祖先神灵降临。随着鼓声，"翁古尔"（祖先神灵）开始附体，我一下跳上撮罗树上的撮罗绳，从其一端走到另一端，预示着我与神灵沟通之路由此开始，然后翻身跳下。此时"翁古尔"寂静附体，开始借我之口说话，后来家人告诉我，当时我一边哭泣着一边诉说着、歌唱着，可能是太久压抑的释放，"翁古尔"借我之口诉说着他苦难的经历，前世今生，诉说着为了找到我，辛苦了好几代，寻找了好多人，好不容易才找到我这个萨满种子，现在附体落到我的身上，要保佑、庇护我们家族的子子孙孙身体安康、家业兴旺等等。据当时在场的人反映，他们听着我的吟唱和诉说，有一种俯身跪拜的冲动，有种深深的震撼。就这样我边哭泣边吟唱着震撼人心的神曲，持续了半个多小时之后，附体的神灵（翁古尔）离开了，我手持马头杖做着飞跑的动作送走"翁古尔"。陆续的其他一些祭祀活动也结束了。

"出马"仪式的结束标志着我正式成为鄂嫩哈拉·博索克浅·莫昆第七代霍卓尔·雅德根。"霍卓尔·雅德根"的神力，一方面随着在为别人治病消灾、祈福避祸的过程中不断增强；另一方面多归于萨满的"翁古尔"之力量的强弱。"翁古尔"是萨满走向更加成熟的神灵，是萨满履行职责时不能缺少的神灵。萨满举行祭祀、治病时，"翁古尔"根据萨满的祈愿行事，可以说，"翁古尔"神灵首先是"霍卓尔"（祖先神），"霍卓尔"居于重要地位。但不仅限于"霍卓尔"，会有其他的神灵成为"翁古尔"。

在达斡尔族神系中的最高神是"腾格日"（天神）、雷神，领其神灵的萨满神力最强。

我的"霍卓尔"是曾祖父拉萨满的神灵，但同时我也领了家族的"腾格日"神和雷神为我的"翁古尔"，除此之外，我还有几十位神灵为我的"翁古尔"。在每次祭祀或治病时，我根据所祈祝意愿，迎请辖司某一职位的神灵降临，即有什么事请什么神，这样避免了不恭，又达到了祈愿的目的。

在达斡尔族中，除了"霍卓尔·雅德根"以外，还有若干种类的祭祀者，如巴格奇、斡托喜、巴日喜、巴列沁等。他们有的能祭祀，有的能治病，但他们不能进入神灵附体的状态，没有扎瓦（萨满神服），所以他们不是萨满，与萨满有本质上的差异。因此说"神灵附体"是成为萨满的重要标志。

以上所谈到的是达斡尔族萨满传承中的主要部分，其他个别现象这里我没有涉及。我的这点体会若能为萨满文化研究的专家、学者提供一点参考，就算达到了我的本意。

　　斯琴挂属于典型的家族世袭传承萨满，在达斡尔族中也有通过灵感成为萨满的。莫力达瓦旗的郭宝山就是这种有灵感而成为萨满的人，现被认定为莫力达瓦旗非物质文化遗产萨满文化的传承人，家住莫力达瓦旗阿尔拉镇二克浅村，全村90余户人家，居民大多是达斡尔人，村民大部分务农，经济生活中也有一定比例的畜牧业。由于国家制定的补贴政策，村民都住上了砖瓦房，在村里已经见不到传统的达斡尔式房屋。有新修的公路穿村而过，交通便利。村里没有学校，听说以前有过小学，但村里人都愿意把孩子送到镇上或旗里的好学校读书，因为解决不了生源问题，小学校后来就停办了。这个现象从一个侧面放映了当地人对教育的重视和对儿童成长的关注。2008年我在该村调查时，到郭宝山萨满家里进行过采访，他被村里人称为"有执照的雅德根"（指政府颁发的萨满文化传承人聘书）。据说还有外地的人慕名请他去看病，我问他："这么多年给人看病有没有碰到过解救不了的病症？"他回答："没有，不敢说包治百病，但也是手到擒来。"当询问他是怎样走上萨满之路时，他说："当萨满给人治病有40多年了。7岁时父亲就没了，家里人口多，没有劳力很困难，上面有3个姐姐，下面还有弟妹，家里有七八口人，我是家里的长子。15岁的时我辍学在家，后来去公社生产队干活挣工分，当时因为年数小，别人能挣10分，我只能挣5分。""从小就有灵感，能预感到村里要死人，不超过3天就能应验，但不敢跟别人说。第一次给人指点看病是在17岁那年，邻居家三四岁孩子病得快不行了，我知道是他家的娘娘神在闹他们，不能看着人死呀！就告诉那家的男人，回家找个黄色的母鸡，好好求求娘娘神，孩子的病就能好。那家男人轻视我，呵斥道：'还有你（小孩儿）懂的事情吗？'不过，那家的老人却愿意相信我的话，结果按照我说的做了，孩子真的就好了。""不信吧

（指神灵作祟），这个东西就这样，信吧，看不见摸不着的。""我20岁以后才开始正式出马给人治病，带过3个徒弟，也不想把自己的技术带走，有品德不好的徒弟，想拿这个谋利益，我就把东西（治病的神灵）收回来，让他变回黑身子（变成普通人）了。"

此外，还有想成萨满而未成者，在鄂伦春旗诺敏镇调查时就碰到这种情况。敖某，女，45岁，无业，长年闹病、情绪低落，常常自言自语，有时候半夜起来自言自语，有时可以一直说到天亮。家里人问她跟谁说话，她说看见已故的母亲领着一个人回家了。她的丈夫因为害怕，经常邀请亲戚朋友晚上陪宿，对这样的异常症状，经过多年求医问药也没见什么效果。最后，还是请来萨满治病，立了祖先神，家里才太平。经过侧面打听，了解到敖某家庭的一些情况：夫妻二人结婚多年，没有孩子，原因是女方不能生育，敖某在家闲居，为人很要强，什么事都不会轻易向别人倾诉。丈夫有工作，经常在外不回家。这个妇女很想自己也成为萨满，走过很多地方，求过不少萨满，花了很多钱，不知道什么原因最后都没有成功。

他们出萨满的动机，有来自文化的、社会的不同因素。在传统的观念中，认为萨满是能沟通人神两界的特殊人物。人们在遇到自身无法解决的困难之时，感到无奈、无助之时，往往把最后的希望寄托在神灵的身上，希望通过神灵的帮助走出困境，改变自己在家庭、社会中的境遇，这成为有些人想出萨满的动机。

二　关于萨满的死亡

达斡尔人相信人的灵魂不灭，人死并非万事皆休。人们崇拜萨满，认为萨满是神通广大的，是具有上天入地之能的神人。萨满的死，也因此被笼罩上了几分神秘的色彩，人们忌讳说"萨满死了"，而说他"上尚德了"。"尚德"是指在萨满葬身之地的北面高地上为他所立的敖包。

在人们的观念中，萨满的死，不是任何鬼神能害的，而是萨满所寄神灵之间的斗法，才会导致萨满的死亡。在达斡尔族中关于萨满死而复生的传说很多，像流传比较广泛的托庆嘎萨满的故事，就讲述了托庆嘎萨满死而复生的事情：

约在 19 世纪 90 年代，满那·莫昆的霍卓尔·雅德根托庆嘎的妹妹，在婆家闹病很重，请了许多雅德根，总未治好。请托庆嘎，他屡次拒绝，原因是他和七间房屯的依克迪·雅德根不和睦，为给他妹妹治病，怕受依克迪的暗害。但是，他母亲很焦急，责问他："你亲妹妹闹病，为什么不给治呢？"他被逼得无法，最后答应去了。临走时托庆嘎说：这一去，我的法术一定降低。他和来接的人，各骑一匹马，驮上神衣，向他妹妹家而去。在途中他的护心镜忽然从皮囊里掉在地上，直往西北方向滚去，两人紧紧追赶，没有捉住。他说，损失了这铜镜，又减弱了我的一层法力。到妹妹家，他没有跳神，只用家畜祭祀，仓促了事。可是，以后他妹妹的病也好了。他回家以后，过了两三天，觉得身体不舒服，告诉家人说，我被依克迪暗害，可能今天要死了。等我死后，给我的尸体穿上神衣，并连同神鼓和鼓槌装在套牝牛的车上，拉到听不到狗吠声的野地里，把牛卸下来拴在车轮上，然后你们回家等我三天三宿。在这期间如我不苏醒，你们就当我上了尚德；如果我能苏醒回来时，在我到家前，由房门到大门拉上"栓那"绳子，绳子上挂我的旧衣服，房前点烧"刚噶"草就可以了。等他死后，家人照他的吩咐，给他穿上神衣装在套牝牛的车上，拉到哈尔嘎那·扎拉嘎地方，把牛卸下来拴在车轮上，大家就回家了，等他三天三宿，当第三宿天快要发亮时，远远听到敲鼓声，越听越近，大家照他吩咐，准备妥当。出门一看，死者在牛车前面，一面跳神一面往家走来。由登特科爱里（村落）前边经过时，人们认为满那·莫昆死了的萨满变成妖怪了。一会儿，他来到自家大门，顺着"栓那"绳子，反复地跳神三次，脱下神衣，穿上准备好的便衣，进入屋内说："我把自己的尸体用乌鸦替换回来了。"以后人们去哈尔嘎那·扎拉嘎地方一看，果然在那里有一个死乌鸦。说完他拿一把香，到依敏河岸把香点着，自己跳进河水里去了。等那香烧过多半时，忽然从河水里漂出一条五寸多长的死鲤鱼。随后，他从水里跳出来说："我把我身上的污物，转嫁给那大鲤鱼了，如今我能活七十岁。"果然，他活到了七十岁。[①]

从这则故事可以看出，达斡尔人相信萨满是能够预知生死、掌控自己命运的人，这可能与萨满跳神时经常施展昏迷术有关。萨满治病时最厉害的招数，就是过阴追魂，此时萨满的灵魂要离开躯体，进入地界找到亡灵，将亡灵带回人间放入病危者身体内，病者自然就会康复。当萨满的灵魂离开时，躯体表现为没有知觉的昏迷不醒状，而且昏迷时间长短不一。在达斡尔族中流传很广的民间故事《德莫日根和齐尼花哈托》中，萨满齐尼花哈托把真身子留在人间，领着哈巴狗和公鸡，拿着大酱块，到伊热木汗的阴曹地府里去找寻德莫日根的灵魂，走了整整一天一夜。为了替德莫日根报仇，齐尼花哈托去找暗害德莫日根的梅花哈托决

---

① 《达斡尔族社会历史调查》，内蒙古人民出版社，1986，第261页。

斗，两位萨满齐尼花哈托和梅花哈托相斗整整花费了一年的光景，最后齐尼花哈托被她的母亲唤醒，而梅花哈托被打败醒不过来，被她的父亲在她的坟前一哭，眼泪流成了一条河，这样就把她永远和人世间隔绝开来，她的神灵再也回不到她的身体里。在这种故事熏陶下成长的人们不可能不深受其影响，在潜意识中不相信萨满真能死去，而认为死亡只不过是他们的灵魂暂时离开了身体而已。

萨满死后，要给他穿上便服，让他朝着南面坐葬。不能葬于家族公墓之内，而是按其生前所指定的地点，予以风葬。风葬地点，多在闻不到犬吠声的山顶。风葬后的遗骨，要用石头掩盖，并于北面高地立一敖包，名曰"尚德"祭坛。后继者每过若干年，必祭尚德一次。在海拉尔地区草地达斡尔族中，老萨满故去之时，后人是让他安坐于棺材之中，里面放置他生前使用的法器、神服等，安放在草地上，不入土，也有用木头做成支架放在上面者。3年之后，经过风吹雨淋、日晒雷击这里夷为平地，后人来收拾萨满的骨骸，埋入土中，不起包，上面只放几个石头。在萨满葬身之地北面大约100米的地方用石头垒砌成敖包，在草地上过往的牧民都要自觉进行祭祀，敬烟敬酒。民间传说，如果不给敖包磕头祭拜，就会遭遇不测，对此人们深信不疑。其实这是一种古老的葬法，在《契丹国志·国土风俗》中就有记载："父母死而悲哭者，以为不壮，但以其尸置于山树上，经三年后，乃收其骨而焚之。"阿穆尔河沿岸的古代部落流行在亲人死后首先安葬在筑于林中的台架上，然后再重新葬于地下的丧葬方式。埃文基人（鄂温克族）也把死者停在森林僻静之处的灵架上，为了送他奔赴遥远的路程，给死者提供了在阴间继续生活所需要的一切。灵架在这里被理解为死者的木筏或独木舟。埃文基人（鄂温克族）认为死者可以利用这种工具在传说中的氏族河上航行，奔赴已故亲人的氏族住地。然而，他们不可能一下子就到达那里。在埃文基人看来，只要尸体尚未烂尽，骨骸尚未散开，体内的灵魂就一直没有离开死者，只有再过相当长一段时间，随着"贝延"（灵魂）的逐渐离去，骨骸才会完全散离，这时他们才能举行"安安"——送死者肉体的灵魂去阴间的萨满教仪式。[①] 这种古老的丧葬方式，在普通人都改行土葬或火葬的时候，仍然被保留在萨满的丧葬方式中，除了相信萨满有不死之身外，不排除萨满在进行宗教仪式时经常发生昏迷不醒，闭气时间过长，疑似死亡，后来又苏醒的现象，使人们确信萨满有起死回生的本领。

2009 年，笔者在呼伦贝尔草原参加了一次萨满敖包的祭祀仪式，当时是 7 月，这种祭祀没有固定的时间，要请萨满掐算之后，才能确定具体日期。祭祀那天，从早上就开始下雨，同行的人告诉我，每年祭祀萨满敖包时都要下雨。雨下得不是很大。临出发前斯琴挂萨满手持萨满鼓，先向太爷爷拉萨满神像鞠躬，再进入里间向诸多神像鞠躬行礼，里屋东西两面都摆满了各种神像，萨满教信奉万物有灵，萨满领有诸多神灵，法力越高的萨满所领神灵越多。

面包车里一共坐了 10 个人，笔者坐在最后排，同行的有汉族人、蒙古族人、达斡尔族人和鄂温克族人，一路上大家有说有笑，也不觉得寂寞。旁边的人说的是鄂温克语，前面的人用蒙古语沟通，中间还夹杂着达斡尔语、汉语，互不干扰，好像车里的人都听得懂这几种语言，很惊讶于他们掌握语言的能力。在海拉尔南屯调查最大的感受就是这里各民

---

① 〔苏〕杰烈维扬科：《黑龙江沿岸的部落》，林树山、姚凤译，吉林文史出版社，1987，第 274 页。

族文化的相互交融和并行无碍，很好地体现了文化上的兼容并包、多元一体的特点。

到达地点之后，人们首先把敖包上插的柳枝取下来。敖包是用石头砌成的，高约半米，中间立着一个高高的木杆，人们把带来的新柳条围在中间的杆子周围捆扎好，因此这些柳条经风吹雨淋也不会散倒。在柳枝上绑黄、红、蓝色绸带，黄色为祭大地、红色为祭火、蓝色为祭天。彩线从敖包中间木杆上向四方散开扎住，线上系着各色三角彩旗，有点像节日里经常看到的场景。把运上来的石头垒放在下面，有时候经过的路人也会往上垒加石块，长年累月的积攒，敖包会逐渐增高，草原上最著名的敖包往往和某位高僧大德有关。谈话当中，旁边的人提醒笔者，不能用手指指点敖包，在人们的心目中敖包可能就是祖先的化身，具有无比崇高的地位。

参加敖包祭祀的大人小孩近百人，各种摩托车、四轮车、吉普车、越野车十余辆。众人把带来的祭品放在故去萨满的坟前祭拜，坟上只有几块石头，与土葬高高隆起的坟堆相比毫不起眼。没有人大声喧哗，一切都在静悄悄地进行，所有的程序都像事先商量好的一样。

这时候被请来的斯琴挂萨满下车，在巴格其（二神）的陪护下，来到坟前。此时早有人在坟前点着香火，空气中立时弥漫开让人闻之欲醉的清香。她手里拿着神鼓，开始祷告，鼓声缓慢而低沉，却很有震慑力，在空旷的原野上能够传出很远，唱的伊若（萨满神调）起伏有致，配合鼓声富有节奏感，结束前摇几下鼓把下面鼓尾处的鼓环，发出金属碰撞的哗哗声，人们立即把准备好的三只活羊带到坟前。她上前在每只羊头上用马头形神杖轻点一下，示意祖灵已经领受，完毕萨满回车上休息。几个中年男人把羊带到一边宰杀，把羊头连带四蹄割下，头与蹄之间务必连皮，表示供祭的是一只整羊，再拿到坟前供祭，剩下的羊肉扔到准备好的锅里烹煮。

大约一刻钟后，萨满的几个助手开始准备，把带来的地毯铺在草地上，萨满把装萨满服装的箱子打开，巴格其帮她一件一件穿在身上，穿戴是严格按照先后顺序来进行的，最后戴神帽。穿戴整齐之后，开始击鼓唱诵，大家一齐跪在她的面前，静候祖先神灵下凡。过了一会儿，鼓声突然变得紊乱、急促，此时萨满仰身向后跃起跌倒，身后的巴格其马上扶住她，萨满已人事不省昏死过去，巴格其附在她的耳边一次次地低声祈求、呼唤，用凉水轻轻地喷在脸上，她才缓缓地醒转过来，巴格其把她扶正坐到椅子上，把鼓交到她手里。此时萨满身上已有神灵附体，附体神灵通过主持祭祀萨满之口开始述说自己飘荡在外的苦难，这么多年为了遇到合适的继承人，在家族中苦苦地寻找，说着说着就开始流泪。全家族的人按照辈分高低顺次跪在他的面前，听他述说，偶尔能听到人群里低低的抽泣声。他开始一个一个地找具体的人，不直接说名字，只是说某年某月生的，什么属相的人，大家就知道要找的人是谁，被叫到的人上前先给萨满敬一杯酒，然后跪伏在地上，听他的教诲。所述内容就像老者对晚辈的训诫，如在生活中要注意什么，有什么忌讳，需要改正哪些缺点等。整个过程萨满都是边敲鼓边唱，大约持续了一个多小时，送走神灵，萨满才清醒过来，恢复平静，在助手的帮助下脱去神衣，回到车上休息。

仪式结束后，人们围坐一圈开始吃羊肉、喝酒，四围绿草如茵，人们席地而坐，谈笑风生，是紧张过后难得的放松。下午四五点钟的时候，人们带着没吃完的羊肉陆续散去。

据称这位被祭祀的萨满是伪满时期的人，当年曾被日本人带去在火上跳神，因为附在他身上的神灵法力高强，火烧不到他身上，最后死里逃生，安然返回，是当地很有名气的大萨满。他死后，其神灵一直没有找到合适的人选，因此家族中就没有再出新萨满。很多年前，这位老萨满的孙子辈中，有人要出萨满而没有成功，最终被折磨致死。所以，他们家族每年都要搞祭祀活动，认为这样后辈才会平平安安地生活。

从祭祀活动的社会意义来看，借助这种祭祀仪式，可以把家族成员在精神上团结在死去了的祖先周围，有助于家族成员间的相互联系，人们在仪式中意识到作为群体中的一员，要为整个群体的延续和发展承担责任和义务，在今后生活中会主动约束自己的行为，从而有利于社会关系的正常化。仪式活动还可以在集体中给个体指明位置，帮助个体更好地融入集体之中，从而强化了家族成员之间的归属感和凝聚力。可以消除人与人之间的紧张关系，使家族中各种不和谐因素得以化解，强化了家族成员之间的认同感。这种集体活动给个体带来的安全感，对帮助人们建立信心，减少焦虑等具有现实作用。

第三节　萨满的宗教活动和使用的器具

一　萨满的主要宗教活动

在古代，当人们患病或碰到困难时，除了求萨满跳神禳病，祈求族众的平安幸福外，没有太多可供选择的机会，萨满成为他们的唯一希望。面对奄奄一息的亲人，束手无策的家人除了相信萨满具有非凡法力，能够降妖除魔、祈福除祸之外也想不出其他更有效的办法。因而，萨满在当时人们心目中具有至高无上的权威，罹难的家庭对萨满之命更是言听计从，即使倾家荡产也在所不惜。《黑龙江外记》中曾记载达斡尔族萨满活动的情况："达呼尔病，必曰：'祖宗见怪！'召萨玛跳神禳之。萨玛，巫觋也。其跳神法，萨玛击太平鼓作歌，病者亲族和之，歌词不甚了了，尾声似曰：'耶格耶！'无分昼夜，声彻四邻。萨玛曰：'祖宗要马！'则杀马以祭。要牛，则椎牛以祭。至于骊黄，牝牡，一如其命。往往有杀无算而病人死，家亦败者，然续有人病，无牛马犹宰山羊以祭，萨玛之令，终不敢违。"从记载中可看出，清代达斡尔族社会已盛行萨满教，萨满教在整个社会生活中占据着举足轻重的位置。

（一）萨满的医疗仪式

请萨满出山，按照达斡尔人礼仪，先由患者家人带礼品到萨满家里，向萨满敬酒，说明家中病人的情况，恳请萨满治病。萨满有时会找一些理由，借故推辞，如身体不适或走访亲戚等，经过病人家属的再三恳求，方始答应出山看病。有的萨满会询问患者的属相、病情，然后掐算，告诉患者家属回去给祖神上三炷香，当天若病情见轻第二天就来接，若不见轻，就不要来接了，这个病不能治。当晚夜深人静之时，萨满神衣两肩上的神鸟，飞到患者的家中，了解患者的病情是什么鬼神缠身作祟，然后飞回去告诉萨满，于是心里就有底了，方始出山治病。

萨满跳神在达斡尔语称为"雅德根何克贝"，一般是公开进行，并不排斥众人参与观看，因此不需躲到杳无人烟的荒山野岭之中，或在非常庄严肃穆的场所里进行，所以萨满教也没有诸如寺院之类的固定场所。在时间的安排上，也很随意，有的仪式在白天举行，也有在晚上举行仪式的，视情况而定。现在请神灵附体，以夜晚居多。听到其他人要请萨满跳神，全村落的人都会前去观看，并很愿意参与到活动中，配合萨满的宗教活动。正式进行仪式前，要举行萨满神器、服饰的开箱仪式，烘烤神鼓，要敲打试音，直到满意为止。大萨满要亲自选定配合自己进行仪式活动的二神，这种组合一般是固定的，时间长了才会配合默契，做到心领神会而不出差错，圆满顺利地完成各种活动程式。由于萨满跳神时要耗费大量的体力，要配备几名服侍萨满的人员，帮助萨满穿脱神服，配合萨满所唱的神歌，神灵附体后，还要防止萨满跌倒受伤，要不断给萨满擦汗、敬酒，参加的人数不等，均由主祭萨满自己挑选。

萨满治病时根据所请神灵的不同，所唱的曲调、祷词也会有所不同，这时候二神及侍从人员都要跟上曲调，制造声势。达斡尔语称为"伊若达格贝"，意思就是萨满的伴唱。"伊若"就是指萨满的唱词和曲调，"达格贝"原义是跟随，这里就是指伴唱。萨满每唱完一句神调，二神便重复一遍衬词，要紧随其后，直到唱完整个祷词。优美的旋律和唱词也是吸引人的地方。以下是黑龙江富裕县登科乡杨玉清采录的萨满唱词和二神的伴唱：

萨满：德扬奎，德扬奎；　　　　　　　二神：可以苦，可以苦。

萨满：（即兴）；　　　　　　　　　　二神：嘎拉卓，嘎拉卓。

萨满：矫健的鹰啊哎！在空中飞翔；　　二神：登海罗，登海罗。

萨满：神奇的弓箭哟！能射中万物哎；二神：沃顿禅，沃顿禅。

萨满：映山红呦青山花；　　　　　　　二神：德库，德库。

萨满：像嫩江那样奔流不息；　　　　　二神：讷木讷奎，得勒。

萨满：像乌裕尔河奔腾激荡；　　　　　二神：讷木讷奎，得勒。

萨满：狍子的耳朵，黄羊的眼睛，成双成对；

　　　　　　　　　　　　　　　　　　二神：拉古，拉古。

萨满：乌鸦的眼睛，天鹅的耳朵，也成双成对；

　　　　　　　　　　　　　　　　　二神：拉古，拉古。

萨满：空中飞来幸福的鸟儿；　　　　二神：德扬奎，德扬奎。

萨满：远方飞来吉祥的山鸡；　　　　二神：德扬奎，德扬奎。

萨满：到了今日大显神通；　　　　　二神：德扬奎，德扬奎。

萨满：帮助你哟根除疾病；　　　　　二神：德扬奎，德扬奎。

萨满：大显神通哟大显神灵；　　　　二神：列格莫，列格。

萨满：观察病情找出根由；　　　　　二神：列格莫，列格。

萨满：真情实意帮你忙；　　　　　　二神：列格莫，列格。

萨满：千方百计想尽办法；　　　　　二神：列格莫，列格。

萨满：嫩江河畔的大登科哟；　　　　二神：列格莫，列格。

萨满：铁毛公鸡亲身降落这里；　　　二神：列格莫，列格。

萨满：解救病痛折磨人；　　　　　　二神：列格莫，列格。

萨满：更加细心照料治病；　　　　　二神：列格莫，列格。

萨满：彻底消灭病魔驱除灾难；　　　二神：归勒耶，归勒。

萨满：这才特意赶来此地；　　　　　二神：归勒耶，归勒。

萨满：从那大海飞来的海冬青鹰；　　二神：归勒耶，归勒。

萨满：豺狼才不敢兴妖作怪；　　　　二神：归勒耶，归勒。

萨满：为了今后永远不得病；　　　　二神：归勒耶，归勒。

萨满：解除病状早日复健康；　　　　二神：归勒耶，归勒。

萨满：病人莫要忧虑悲伤；　　　　　二神：归勒耶，归勒。

萨满：去拜野鸡会除魔救命；　　　　二神：归勒耶，归勒。[1]

---

[1] 《登科达斡尔族风情录》，中共黑龙江省富裕县委员会编印，2006，第123页。

萨满的跳神说唱和祈祷之词，被作为神圣庄严的仪式而受到人们的尊敬和崇拜。在整个仪式过程中，参与者都要保持庄严肃穆的姿态，以表示对神灵的敬仰，如果对萨满所做法事表示非议或做出不尊重的举动，要受到众人的责难和舆论的严厉谴责。

祭祀完毕之后，要邀请大家共享祭祀物，剩余的供品，分给大家带回。一场请神治病的宗教活动，不啻是一场乡间的聚会。宗教仪式上萨满的表现也会成为人们日后的话题，关于萨满的各种传说也会越传越玄，各种神奇的事物都要附会在萨满身上，最后连萨满也不得不相信自己可以胜任一切，应该具备超过常人的神奇法力和驱使神灵的力量，这种自信心正是大众所期待的结果。群众与萨满之间相互作用，从某种意义上说，是大众的舆论造就了萨满的神奇。

萨满治疗最常见的方式就是驱邪，萨满看病一般都会判断为病人冲撞了邪灵恶鬼，邪祟缠身，解决的途径就是举行驱邪仪式来达到目的。卜林先生在《达斡尔萨满跳神行巫见闻追忆》的文章中记述了自己早年亲眼所见萨满驱鬼治病的过程：

> 1934 年春，我在铁匠屯舅父家里，还见过愣子萨满驱鬼的跳神，达斡尔语叫做"苏木苏扎日拜"（驱灵），这是私人请萨满给病人除鬼的跳神活动。
>
> 铁匠屯在一棵树西北二十余里处，全屯三十几户人家中，只有我舅一户达斡尔人，额勒特哈拉海伦莫昆氏平福为户主。我舅父兄弟五人，三舅母长期患病，时好时坏，干家务活儿都感到吃力，请几次中医吃药，总不见病势减退，就认为是冤死鬼缠身，非要请愣子萨满除鬼不可。
>
> 愣子萨满是海格屯人，绰号"愣子"，疯疯癫癫真有个愣劲儿。他

一见到三舅母的病体，就断言说："这是冤死鬼缠身，非用火除鬼不可。"于是，午前用一只小鸡供了神，愣子萨满又"耶给耶给"多半天。

第二天午后，愣子萨满用羊草缠成四只草鹤，准备跳神用。他指使家人把铡刀刃磨得亮而锋利，又告诉准备两个铁铧子。

到了夜晚，愣子萨满叫找一名跟唱神曲的人，舅家就从外来的客人中选派三棵树屯的景生保担任这个角色。

愣子萨满穿好了神衣，手拿神鼓下了地，走到东屋的三舅母面前，嘱咐她不要害怕，头冲炕沿。他察看了火烧铁铧的情况。嘱咐"越烧红越好"，他又摸了摸铡刀的刃，表示"可以可以"，继而又检查了放在方盘里的草鹤，一切就绪后就开跳了。

这次跳神，没有陪跳的萨满。在三间房的中间屋（达斡尔语叫"堂古勒"）跳了一阵，便跳出门外直奔挂好扫帚草的祈神下凡的神杆前，伴着鼓声小声祈求着神灵。接来了神，再从外边跳进屋内。这时迎神的"额耶"声笼罩着屋内，浑身响动的神衣和敲打神鼓的交错声，把人们引入神化世界，旁观者这时都吓得神情紧张得很。愣子萨满念了很长的经，不久，把屋内灯火全熄灭了，室内漆黑。愣子萨满疯了似的用鼓滚转在患者头前，一阵一阵带起的风，扇向患者脸部，意思是除鬼。接下来，在患者头前，端来了烧红了的铁铧子，铧面冲上，愣子萨满脱光了脚，在呼神声中，光脚蹬一下铧子，过后冒起一阵火，如此反复有七八次。这期间，患者的头紧挨着地上的铧子，烤燎惊吓已经浑身是汗，湿透了衣服。然后又把大铡草刀拎了过来，愣子萨满横倒在刀口下面，叫人们用铁榔头狠劲地敲。铁榔头当当地响，愣子萨满不见动静了，人们猜测萨满被刀铡死了，刚要点灯，愣子萨满突然出声了，制止了照明。就在这时，老太太们走到我这位患病求神的三舅母跟前问："见好了没有？"哪知患者已吓得不省人事了。大家见此情形，赶紧把几口凉水喷在患者脸上，患者才慢慢缓了过来。

最后该是驱鬼了。愣子萨满从西屋跳到东屋，从东屋跳回到西屋，意思是把室内的鬼魂驱到室外。当要开门驱鬼到大门外时，外屋门内已被看热闹的人堵得推不开了。院子里足有百八十号人。本来是锁了大门，但好奇的汉族邻居，却从院墙跳进来了。愣子萨满想出门驱鬼，伸出舌头发出羊的"咩咩"的怪里怪气声，作出顶人、咬人的姿态往院外冲，这吓得观众争先恐后往院外跑，把外门板全挤坏了。愣子萨满好不容易跳出门外，便直奔大门跳去。随后有人把沾满血的草鹤，送到野外，这场驱鬼的专场跳神就结束了。

愣子萨满真有魔法吗？我从侧面发现愣子萨满在踩铧子时，是脚底沾满了油，未等脚接触铁，油汁滴到滚热的铧子上，一遇炽热的铧子，油便燃成火团，脚部根本未接触到热铧子上。铡身术原来是萨满卧在刀床之后退了出来，侍从者垫上一根短木。我还记得事后曾把我所见说给别人，为此外祖母还打了我几个耳光，让我不准乱说，封着了我的嘴。①

这是作者根据童年经历所写的回忆文章，他所接受的教育使他相信看到是一种假象和虚妄。而在另一种知识系统中成长的祖母却有着截然不同的理解，两人之间出现了矛盾，并以爆发冲突为结局，祖母以传统的权威性压制了少年的疑惑。

萨满最高的法术是过阴追魂，只有法力高超的萨满才能胜任此项任

---

① 卜林主编《嫩水达斡尔人》，黑龙江省达斡尔族研究会编印，1989，第259页。

务，一般萨满是做不到的。能够自由出入阴间是成为萨满最重要的标志，遇到病重之人，萨满为了挽救他的生命，还要过阴招魂，萨满过阴回来之后，口述自己在阴间的所见所闻。下面是木膝先生根据幼年的亲身经历，回忆自己的萨满母亲过阴追魂的情景：

> 对昏迷不醒的病人，知道他们的灵魂被抓去还需查生死簿，若患者未到死期，欲把魂找回来，必须"过阴"。

> 我母亲被请到病人家里，先给病人的祖神供一只洁白的羊。当天晚上穿上神衣开始跳神，用手中的神鼓向躺着的病人来回扇三下，跳到地中间。当跳到最高潮时，身体来回旋转、摇摆，宛如旋风一般。这时，什么铜镜、摇铃以及神幌上三色绸都飘起来，响起来。加上从神鼓中发出的声音，好似深山老林中野兽吼叫一般，让人十分恐惧害怕。暴风骤雨般的神舞过后，步伐渐渐有些缓和，这时母亲的脸色惨白处于昏迷状态，萨满的神附体了，屋内一片寂静。接着在地上铺好事先准备好的褥子，炕的西北角插一个锥子，表示萨满到阴间去时要从烟筒走。然后把母亲轻轻地放在褥子上，头向西北角，给她左手拿三个纸糊的金元宝，右手拿三团大酱，再放白纸剪的公鸡巴狗。此时，全屋的灯都熄灭了。在母亲的后侧坐着 Jiielee jielbei（领魂人），此人神通广大能和萨满的神沟通。只见他左手拿着一支鸡翎，右手端一碗凉水向在地上躺着的萨满洒，口中念念有词"Yoon ioobei"，词的大意是萨满到阴间的注意事项。他又说我们等你快快飞回来。全屋坐着的人，都静悄悄地等待着，显出焦急的神色。病人的家属焦急万分，急不可待，热切期望萨满平平安安回来，把病人的魂从阴间带回阳间来。时光一分一秒地流过，

99

萨满"过阴"约需 2 小时。屋里的人们屏住呼吸静静地等待着，细心听着萨满的动静。过了很长时间，突然，萨满膝盖上的一个摇铃，卡、卡地响了三下，方知萨满回来了。"Jiielee"快快点灯，顿时，全屋的灯都点亮了，人们兴高采烈，其中两名心灵手巧的达族汉子"ioondage"（萨满助手）把萨满轻轻地扶起来，坐在凳子上，"Jiielee"坐在萨满的身边。只见，母亲闭着双眼，慢慢打鼓，发出沉重的声音，样子悲哀，随着神鼓的声响，母亲唱出萨满神曲"Kieu kien jekurl jekieen"，叙述着萨满到阴间的经过。

原来，萨满坐在神鼓上，腾云驾雾，穿山越岭，从草尖上飘过，飘到阴间。其间，走到河边，遇到水深浪大时还必须乘船过河。渡河的船夫是个拐子，名叫拉阿格。我母亲早就认识他，知他腿拐左眼瞎右胳膊短，于是对他大声喊，快把船划过来，我有要紧事去见阎王，并对他说，给你带好吃的大酱来啦，拉阿格听到有好吃的，很快把独木船划过来，于是给他一团大酱。他当时就吃了，边流口水，边说真好吃，吃完还要。萨满说，没有了，下次再给你带来，快快帮我过河。过河后路上见到千奇百怪的事。阴间也并非平静，在阳间做过坏事，杀人放火，打爹骂娘的，到阴间也要受罚。有炸油锅的，有吊起来挨打的，罪轻的则一群群在劳动做苦力。阴间的样子很特别，树是光秃秃的，山是阴森森的，寒鸦叫声凄凉。四处雾气腾腾，不时刮着黄风。幸亏两只神鸟领路未遭磨难。走着，走着，碰到牛头马面，样子很凶，萨满先和他们打招呼，又给他们大酱。他们见到大酱很高兴，对萨满说，你又来了。萨满对他们说，我有要紧事求阎王，请你们带我去。他们同意了，于是领到阎王殿门前。只见门前警备森严，大门两侧站着小鬼，手中拿着抓魂牌，个个青面獠牙。牛头马面一挥手，小鬼们没挡路，其中一个小鬼领着去见阎王。在阎王殿，阎王正坐殿中好不神气，两侧站着警卫的小鬼。萨满见到阎王三拜九叩，然后，把带去的公鸡巴狗奉献，阎王见此很欣慰，忙问萨满，你又为谁的事来了。萨满回答：求阎王查明，某人的灵魂被小鬼抓来了，在阳间昏迷不醒，二老双亲哭得实在可怜。阎王听后大发慈悲，答应了萨满的请求。

阎王见萨满很虔诚，从桌案上抛下令箭，快到鬼城去找，萨满向阎王拜谢后，神鸟领路到了鬼城。到了鬼城，雾气腾腾，阴风四起，阴森森的，远处蓝色鬼火散发出一股股邪味。地上红眼白鼠乱窜，堆堆白骨发出狼嚎一般的凄惨叫声，呈现出一片地狱景象。

神鸟领萨满到处寻找，费了九牛二虎之力，在一堆黄沙丘后，听到哭声，在喊快快救我。走到跟前一看，他就是要找的灵魂。萨满对他说，快走快走，我来救你来了。说完拉着他的手飞快地跑起来。跑着跑着，在回来的路上跑过来一个人，拉着萨满不放，苦苦哀求把他带回阳间。神鸟对他说，快快放我主，此处不能待。他死活不肯，无奈之下，只好用河边的水草把他捆上，萨满对他说，我回去告诉你家，三天后来接你。说完腾云驾雾回到阳间。这时，太阳红红的刚刚从东方升起，白桦林中，百灵鸟唱着动听的歌，田野的庄稼绿油油一片生机。终于萨满领着患者的灵魂返回家中。一时间，灵魂附体了，病人被挽救过来了，家长和亲友们无不热泪如雨，异口同声称赞萨满好，都说我母亲是活神仙。[①]

---

① 何文钧、杨优臣主编《嫩水达斡尔文集》，黑龙江省达斡尔族研究会编印，2004，第177页。

虽然阴间是对外部世界颠倒、虚幻的反映，但在萨满绘声绘色的描绘当中，能够反衬出人间的生活，借用超人间的行为规范来维系群体感情，建立良好的社会秩序。萨满对阴间世界的描述缩短了此世与彼世的距离，可以满足人们超越世俗、克服生命局限性的精神需求，从而肯定了现实世界人生存在的价值。

以上两例萨满治病情况都发生在新中国成立之前，目前已很少有萨满能进行这种巫技和过阴追魂的展演了。

（二）"斡米南"仪式

达斡尔族的萨满宗教仪式中，除了外出的驱鬼治病活动，还有萨满们相互交流、相互切磋、自我完善的宗教活动，这种内部的活动一般都是定期举行，主要有"斡米南""亦尔登""洁身祭"等。其中最隆重的宗教仪式当属"斡米南"仪式，斡米南祭每三年举行一次，时间大都定在夏季，水草丰美之时，也有在农历正月期间举行的，时间为3天。斡米南仪式主要由祭"腾格日"仪式、祭神仪式、消灾祈福仪式、"阿尔善·库热"仪式和"楚苏·奥贝"仪式等组成。届时要请资历深的老萨满担任"达雅德根"，充当雅德根老师，主祭者为新萨满，另外还要邀请有交往的萨满来观摩，平时受过萨满恩惠、治疗的人不论远近都要携带礼物前来助威捧场，其他族众则自由参观。

斡米南仪式的成功举行对一个萨满意味着社会地位和声望的提升，在北方少数民族如蒙古、鄂温克、鄂伦春等民族中都有类似的萨满仪式。斡米南仪式的举行是传统社会中的盛大节日，举行仪式过程中主祭萨满要请所领的诸路神灵附体，包括氏族祖先神、地域守护神等。人们对氏族萨满的仪式充满期待，通过与下凡附体祖先神的沟通，获得幸福的生活、生命的完满，同时也给祖先神灵传达人们的愿望和请求，是人神共娱的活动。

地点一般选在野外空旷的地方，用几根支架搭起一座跳神棚，在棚内竖起两根新砍来的桦树，称为"格日以·托若"（意为家柱），此种神树要有青枝绿叶，在上面挂上各种神偶和彩旗，托若树不埋入土中，而是绑在钉入地上的木桩上，象征世代接续、后继有人。木桩被称为"阿勒塔·蒙骨·噶塔"，在达斡尔语中就是金银桩子的意思。在棚外正南面六七丈远的地方另支起一棵托若树，称为"博迪·托若"（外面的柱子），认为所请的神灵由此树降临人间，在棚外的博迪·托若树和里面的格日以·托若树之间，要拉上红棉绳，达斡尔语称为"栓那"，绳子上缠绑各色彩旗，神灵由此绳过渡到请神棚内，附在萨满身上。萨满在托若祭词中唱道：

> 列格木、列格木列
> 列格木、楼色列
> 归来相遇的"安德"，
> 用"托若"神树欢迎；
> 为了竖起闪金的托若，
> 套上敞篷的马车，
> 砍来了繁茂的神树；
> 聚齐众多族众，
> 按着传统的习俗，
> 竖起庆典的托若树。
>
> 由于不能推脱躲避，

你走上安德的道路，
培植了神圣的托若。
成双的两棵托若树，
一对线绳连结着，
我祖传的主宰神灵。

在春暖和煦的月份，
选择吉庆的良辰，
乘着黎明的曙光，
迎着初升的太阳，
找到包好的"扎瓦"，
在房门门槛的内侧，
竖起七个掌的托若，
举行我的庆典仪式。
微微晃动的树枝上，
有布谷鸟的巢穴；
摇摇摆动的树枝上，
有乌鸦的巢穴；
刚刚长出的树枝上，
有鸽子的巢穴；
两枝粗大的树枝上，
有野鸡的巢穴；
横生的茁壮树枝上，
有孔雀的巢穴。

　　在春暖花开的季节，

　　江河已解冻，

　　鲤鱼在游动，

　　树上有枝杈，

　　枝杈上有鸟巢，

　　巢里有幼雏。①

　　在氏族社会中，托若树作为贯通三界的宇宙树，具有非凡的神圣意义。在古代人看来，能在天空中自由飞翔的鸟类，是沟通天界和人间的使者，它能够传达神灵的旨意，萨满就是神鸟的化身，因此萨满服饰上都装饰有鸟的象征物。满族神话《天地万物和萨满的由来》中讲述了"阿布卡赫赫为了人世间的安宁，才让萨满出世。她派鹰首人面的昆杰勒神鹰在太阳河边用乳汁和太阳河水哺育人世间的第一位大萨满女婴。白天由迫日星刺猬女神看护，夜里由神鹰陪伴。还有白水鸟女神天天从生命之神居住的东海衔来孕育生命的青枝柳叶给女婴吃。萨满女婴渐渐长大，巴那姆赫赫用百聪百慧的神光启迪她，使她很快学会百伶百巧的萨满神技，学会百神百禽百兽的语言，好在日后跟它们通话，让它们扶助萨满安抚世界，造福人类。萨满女婴长大后成为人世间第一位神威齐天的女大萨满，成为后世所有民族、部族、氏族萨满的始祖和母亲。她的儿女中的精英们都学习成为萨满，并分赴各方，成为一地、一族的萨满始祖，一代一代传袭下来，形成繁多支系，世代绵延不绝，代神造福人间。

---

　　① 吕大吉、何耀华总主编，满都尔图等主编《中国各民族原始宗教资料集成》达斡尔族卷，中国社会科学出版社，1999，第337页。

实际上萨满女婴就是阿布卡赫赫的女儿，由一只神鹰的英魂化成，所以，大萨满女婴生来就具有神鹰的一切神力"①。在蒙古族萨满传说中也有："腾格日（天神）的神鸟使者——鹰，蒙古语称'布日古德'。它受命降到人间和部落头领成婚，生下一个美丽的女孩。神鹰传授给她与天及众神通灵的神术，并用自己的羽毛给女孩编织成一件神衣，头上插上了羽毛做的神冠，让她遨游天界，把她培育成一个了不起的世上最早的'渥德根'（女萨满）。"② 很明显，鹰、雕等大型猛禽留给古人的意象是勇猛、威严和自由感，而且鸟能飞翔这一自然属性在古人长期的心理感悟中形成了特定的意象，一旦这种意象和某种生存意识联系起来，便迅速被赋予特定的价值，从而被神化。鸟类的飞翔是人类无法企及的能力，而这一能力被人类神化，以此满足人类的各种愿望。20 世纪 50 年代收集于呼伦贝尔地区的元代鸟羽式萨满神服是国内最古老的萨满服，现存于内蒙古自治区博物馆。这件萨满神服上就装饰着无数条彩色飘带，象征着神鸟的翅膀和羽毛，后背上有披饰，造型似鸟的后背，呈椭圆形，下端装饰着彩色飘带，似鸟尾。当萨满穿上这样的服装跳跃舞动时，形状舒展，仿若雄鹰展翅，翱翔蓝天。人们认为，萨满身披这样的神服，才能获得与神鹰一样的力量，自由往来于天地之间，完成沟通人神的使命。作为鸟类经常降落、栖息的树木，被认为是神灵降临人间的重要途径。因此，树木和萨满仪式之间的关系是最为密切的，在萨满教中请神仪式中都要象征性地栽插树木，神像有时也供奉在大树上。平常遇到参

---

① 白杉、卜伶俐：《北方少数民族萨满神话传说集》，呼伦贝尔盟少数民族古籍整理办公室编印，1995，第 17 页。

② 乌丙安：《神秘的萨满世界——中国原始文化根基》，上海三联书店，1989，第 216 页。

天古树，人们也会认为是有天神栖附其上而加以崇拜。在北方民族中都有关于树崇拜的神话流传，如流传于满族中的民族起源神话，就把神树当成是沟通天地之间的桥梁。故事中说创世之初，天神阿布凯恩都哩放出五只彩雉，降到人间变成五个美女，成了地上最早的人类。可她们谁也不愿意待在地上生活，于是寻找重登天庭的办法。正巧，在山下河边找到一棵顶天立地的粗壮树干，枝条繁多插入云霄。五个美女便抱着树干争着往上爬，爬到一半时突然树干折断，五个美女从云中掉下来，被甩到不同的地方，遂在当地成婚生子，后来就有了赫哲人、鄂伦春人、鄂温克人、满洲人和蒙古人。① 世俗社会中，只有萨满才能利用神树作为天梯向天神告知人间的疾苦，因此，萨满死后要放置在大树上，好让他尽快升天成仙。《黑龙江外记》记载："呼伦贝尔、布特哈人死挂树上，恣鸟鸢食，以肉尽为升天。世有鸟葬、树葬之说，即此俗。"

　　斡米南仪式第一天和第二天进行祷告、跳神活动，请各路神灵降临人间，祈求族众平安，检讨自己的过失。第三天举行"库热"仪式，即老萨满和主祭萨满，用整张牛皮剪成无接头的皮条，把所聚男女围成圈，各握皮条一端，猛拉三次，同时用神鼓向圈内众人扇风。如果皮条长度增加则是人畜两旺的征兆。然后再让族众从皮条下面通过，意即通过之人将得到神灵的护佑，可保无病无灾、身体健康。最后结束时，要举行歃血仪式，即"楚苏·奥贝"仪式，在盛有牛血的碗中，加掺牛奶、白酒、线香、九小块牛肺子等，献给降临的神灵。在黑夜中萨满们鸣鼓舞蹈，模仿鸟的鸣叫声，众人跟随着载歌载舞，

① 吕大吉、何耀华总主编，满都尔图等主编《中国各民族原始宗教资料集成》满族卷，中国社会科学出版社，1999，第487页。

当气氛达于高潮时，点燃灯火，为神偶嘴上涂抹牛血，主祭萨满做象征性的喝血动作，恭送众神灵归位，并将所竖三棵桦树移植到野外人烟稀少的地方，整个斡米南仪式方告结束。每经过一次斡米南仪式萨满都会增长法力，在萨满神帽的鹿角上加三个杈，杈数越多，说明品级越高。萨满级别中最高者顶十二杈神帽，现达斡尔族中有头顶九杈的萨满。

（三）洁身祭

亦尔登仪式与斡米南仪式类似，只是规模小，只举行一天。洁身祭就是萨满每年正月在家里，将所用的神器、护心镜及各种灵物等投入锅内净水中烧开，萨满将用此水洗浴自身，并洒向前来膜拜的人们，作为神灵赐给人间的圣物，神水及身被人们认为可以洁身驱邪，保佑身体健康不受外邪侵扰。从它的社会功能角度分析，洁身祭是萨满进行自我净化的仪式，寓意又回到原点，洗掉往日的烦恼，摆脱负疚的罪恶感，一切重新开始，获得新的生命力和神灵的保佑。生活在滚滚红尘中的人们，往往会被各种各样的问题所困扰，不良情绪经过长期积累，形成的郁结会损害、腐蚀人的精神和体质，抑郁情结得不到正常渠道的宣泄，情郁于中将使人们的日常行为发生紊乱，表现为各种异常言论和行为，会给家庭、人际关系、身体健康带来严重的负面影响。洁身祭仪式的作用在于，通过象征性的神赐力量，对内心进行一次彻底的净化清理，恢复良好的心理状态，使人们感到新生命的开始，祛除心理负担而重新生活。就像日出日落，循环往复，周而复始，生生不息。

（四）验梦、占卜

另外，萨满的占卜、解释梦境、解释自然征兆也是其从事宗教活动的重要内容。在13世纪蒙古帝国时期，萨满就很受重视，每遇征战等都要先请萨满来占卜测定吉凶。在《多桑蒙古史》中记载了当时的情况，旅行家鲁不鲁克说："曾见蒙古教师或巫师居于帝帐之前，约一掷石之远，守护其车中偶像。此类巫师兼谙星术，知预言日蚀月蚀。凡日月之蚀，此辈击鼓钲，大呼以禳之。指定吉日凶日，人有事必咨询之。凡宫廷所用之物，以及贡品，必须此辈以火净之，此辈得留取若干。儿童之诞生，则召其至，以卜命运。有病者亦延其至而求助于其咒术。脱其欲构陷某人，祇须言某人之疾盖因某人厌禳所致。人有咨询者，此辈则狂舞其鼓而召鬼魔，已而昏迷，伪作神语以答之。"[1] 在达斡尔族社会生活中，萨满有着重要的地位，每遇出猎、婚丧嫁娶等大事都要请萨满代为占卜预测吉凶，选定吉日方可行事。睡梦中所见各种梦境、牛马走失等日常事务也要得到萨满的解释方可安心。

达斡尔族萨满占卜的形式主要有骨卜、筷子卜等，近代随着纸牌等娱乐工具的传入，一般家里也用它来进行占卜。骨卜是用动物的肩胛骨，去肉洗净，占卜前对着骨头细声说几句密语，然后放在火上烧烤，通过观察肩胛骨面出现的裂纹，进行吉凶祸福的判断。筷子卜则是把三根竹筷子竖立在装满净水的碗中，根据能否站住或倒下的方位确定事物的去向、事情有无结果等。这些占卜的形式大多

---

① 〔瑞典〕多桑:《多桑蒙古史》，冯承钧译，中华书局，1962，第265页。

是属于神灵性预测或经验性预测的范畴，主观随意性很强，很难说有多少科学根据。但是在那样的社会环境里，往往也能发挥自我心理安慰的积极作用，无形中会让人们生发出不少前进的动力和勇气。

对睡眠中所见的各种梦境、生活中所遇的不正常现象难以把握吉凶之时，达斡尔人都要请神职人员测算，如果认为是凶兆，还要想办法进行破解。

二　萨满使用的服具

在宗教仪式中，存在神圣和世俗两个世界，萨满开始作法起始，就是在把人由世俗世界引渡到神圣世界，唤起人们心灵深处的宗教情结，带入人神共娱的境地。这时周围的一切不再属于它的自然属性，而是充满了灵性，属于神圣世界。用来表征神圣的器物，在人们看来已非原有的器物，而是被赋予了某种特定的神圣含义，变成具有特殊内涵的显圣物。如同佛舍利在佛教徒心中所产生的神圣感，萨满做法时使用的服饰与神器也被认为具有种种灵性，让相信它的人顶礼膜拜。

为了在做法时能唤起人们对神秘萨满世界的敬畏心理，给人留下神明般的印象，萨满服饰不论是在装饰图案上，还是在整体外形上都显得与众不同，结构非常复杂。上面装饰着各种奇特的造型图案，反映各种自然现象，还有动植物、飞禽走兽、花鸟虫鱼的象征物一应俱全，其中任何一种造型符号都展现了萨满教对世界的独特理解，反映出达斡尔人对世界的基本看法和解释。

当萨满歌乐响起来之时，萨满开始有节奏地跳跃、旋转，挂在身上的各色彩带、铜镜、铃铛交相辉映，各种金属挂件相互碰撞，发出清脆的撞击声，炫人心目，给人以强烈的机体和情感体验。萨满借助各种宗教服饰和神器，营造出令人生畏的宗教氛围，对人的心灵产生震慑效力。随着萨满的癫狂跳跃、旋转，周围的人也被带动起来，精神亢奋，进入一种精神恍惚的、飘然若仙的幻境之中，展现在眼前的是一个光怪陆离的世界。在如痴如狂的致幻状态中，人们摆脱了日常道德戒律的束缚；没有了生活中产生的种种压力；跨越了过去、现在、未来的时空界限，生就是死，死就是生；理想和现实重叠起来，超越了世俗的一切，人神同构，瞬间即永恒。人们在近乎迷狂的状态下，才会产生神秘的精神体验，深切感受到难以言状的积极情绪：完全的喜悦和内心世界的充实与宁静。

对神的构想，对神秘之境的向往，实际上也培养了人们对虚幻世界的身心感悟，这种深刻的体验反复出现在梦境与生活中，无形中影响着人的生活方式和精神特征。这种观念强化到极端的程度，会让人抛弃理智，进入痴狂的情景中，甚至在日常生活中也会出现各种幻觉。有过这样宗教体验的人，对神灵的真实性深信不疑，会不断向神圣的萨满祈求，希望通过与神的交流来获得一次次的解脱感，通过生命对神的皈依，来完成自我的最后实现。

（一）萨满服饰

萨满的神衣，达斡尔语叫作"萨玛石铠"，它是由"扎瓦"（神袍）、"札哈尔特"（坎肩）和"哈勒邦库"（神裙）三个组件组合在一起的套装。被视为神圣之物的萨满服饰制作非常考究，因为制作工艺烦琐，耗时相当长，一件成衣可达 100 多斤重，所以上了年纪的老萨满穿萨满神服跳神时会很吃力。有的地区依据萨满穿神衣跳神时出汗与否，来判定萨满的真假，在人们的意识当中，得到神灵之助的人才会穿神衣跳神，普通人是担负不起这样沉重神服的，民间就有流传萨满法力不济被神服压死的故事。并非任何神职人员都有资格穿萨满神服，只有正式领神出马的人才能穿神服，平日里神服被当作神圣之物供奉，不轻易示人，认为这样会亵渎神灵，以后就不灵验了。

达斡尔族的萨满服，一般是用结实的动物皮制作的长袍，形同古代将士的盔甲，厚重而结实。裙腰上缝绣一块布垫，上面点缀着日月星辰、山水花卉以及青松翠柏，还有表示吉祥的梅花鹿和仙鹤，寓意了理想中的神居之所。

领口至下摆，钉有八大铜纽，以象征八座城门。长袍左右襟中部，各钉 30 个小铜镜，象征坚不可破的城墙。背悬四小一大铜镜，大者谓"阿日肯·托里"（护背镜），其余四个小的青铜镜叫作"丹拉哈·托里"（镇镜）。衬衣前佩悬一个中型铜镜，谓"聂克日·托里"（护心镜）。护心镜是萨满身上最重要的物件，被认为是萨满神灵的象征。清代方式济《龙沙纪略》中记述萨满治病："飞镜驱祟，又能以镜治疾，遍体摩之。遇病，则陷肉，不可拔。一振荡之，骨节皆鸣，而病去矣。"据莫力达瓦旗郭宝山萨满的介绍，萨满之间因为相互竞争，会经常发生冲突，有的萨满在跳神治病时会突然死去，就是因为另外一个萨满驱使"翁果尔"（神灵）暗害所致。所以，除了本氏族的事物外，莫昆萨满很少到外氏族部落作法治病，也绝不轻易炫耀自己的法术。萨满服上的铜镜主要功能是用来防护身体不受伤害，有时还能帮助主人战胜对手，萨满失去护心镜法力也会减弱许多。

袖筒及袍子左右下摆，各佩绣有花状的三条黑大绒，以表示萨满之四肢八节，并于左右下摆的每一绒条上钉着 10 颗铜铃（共 60 个），象征木城之墙。肩部落有两只布制小鸟，雄鸟在左，雌鸟在右，名曰"博如·绰库如"，据说是萨满与神灵沟通的使者，能够飞翔通报神灵的信息。长袍背面从腰部以下部分，叫作"哈勒邦库"（条裙）。它是由绣着日月和松下站鹿的图形上下两层共 24 条飘带组成的，象征着神灵飞天时展开的尾羽。其中上层的 12 条飘带，代表着 12 个"杜瓦兰"（即 12 种树和飞禽），而下层的 12 条飘带，则是 12 月之象征。长袍外套"扎哈尔特"（神坎肩），上嵌 360 颗贝壳，它是表示时间的，用来代表一年之数。

萨满戴有达斡尔语称为"扎热玛格勒"的神帽，其帽架是用铜条或铁条做成的，内套黑大绒帽头，帽边钉有系于颏下的布带。帽顶钉一圆形铜片，上有两支六叉铜制鹿角，鹿角呈连线形，做工精美。角杈上挂着数条五颜六色的绸绫，象征着天上的彩虹，被认为是萨满由凡间通往神界的桥梁。鹿角杈数不是固定的，数量多少不等，是识别萨满资历的标志。初当萨满者，只以红布包头。经过 3 年之后，等到首次参加"斡米南祭典"，才有资格戴三杈鹿角的神帽。两角之间，有一个特别小的展翅欲飞的鸟形，被认为是神鹰的化身，是神灵的使者。帽檐上钉有各色丝绶，刚好能遮住萨满半个脸，这样就把萨满和众人隔离开来，萨满可以通过垂丝缝隙观察到周围的变化，而众人则见不到萨满跳神附体时的种种神态表情。这也象征着萨满具有非凡的透视能力，能看到别人看不到的东西，听到别人听不到的声音，能预言未来、穿透往来三界。在萨满跳神过程中各色丝绶的晃动，也会让萨满产生恍恍惚惚的视觉效果，有助于萨满进入忘我的迷狂状态。

"萨满服饰最早都是象征着一种动物，在呼伦贝尔少数民族调查与比较萨满服饰时，也发现有不少民族过去的萨满服饰的确存在着象征野生动物的特征。越是古老而具有原始特征的那些少数民族中，这种模仿动物特征来制作萨满服的现象就越明显。在我们所看到过的萨满服饰中，主要以鹿、鹰、蛇等野生动物形体结构来塑造萨满服饰或做配饰。这里显然是包含了动物崇拜意识及行为艺术特征。"[1]萨满服的装饰因人而异，在外形特点上也有所差别。20世纪30年代日本学者在海拉尔地区的调查显示："在萨满服饰上就表现出一种调和各种文化的杂糅特点。除在十二属相刺绣上表现出的汉文化要素之外，还有诸如喇嘛的铙钹、俄罗斯的铃铛，还有俄罗斯帝政时代的硬币当做扣子用之。更有趣的是她把她亲戚从日本旅行回来时带来的大卷贝与里面有'大观通宝'字样的黄铜镜连接起来戴在身上。因而可以这样说，近代波及呼伦贝尔的强劲的诸文化，都以一定的方式被吸收到那里。"[2]萨满服饰的变化与周围的社会环境息息相关，正如普列汉诺夫所说："人是社会环境的一个产物，至于神灵是按照自己的模样创造出来的。"[3]萨满服饰能够体现出达斡尔族萨满教所特有的宗教思想，是人们审美意识和崇拜意识的集中表现，折射出达斡尔人的聪明才智和丰富的艺术想象力，具有很高的艺术价值和文化价值。

---

[1] 鄂晓楠、鄂·苏日台：《原生态民俗信仰文化》，内蒙古大学出版社，2006，第103页。

[2] 〔日〕大间知笃三等：《北方民族与萨满文化》，辻雄二、色音编译，中央民族大学出版社，1995，第85页。

[3] 《普列汉诺夫哲学著作选集》第5卷，曹葆华译，三联书店，1984，第26页。

（二）萨满使用的法器

萨满神鼓，达斡尔语叫"浑图如"，属于敲打震鸣乐器。鼓是人类历史上最早发明的乐器，具有召集、召唤的功能。萨满的整个宗教仪式都离不开神鼓，通常情况下，萨满不穿神服，只敲鼓就可以治病，如果没有神鼓则没法跳神治病。

神鼓一般是由羊皮或牛皮制成，直径大约二尺长。鼓框内钉三角形状的三小铁环，各以等长皮条连于作手把的一个铁环上，同时在鼓框的一个角上用铁丝或皮条串上十多个铜钱，随着击鼓的震动声，发出哗啦哗啦的金属撞击声音。"可苏日"（鼓槌）是用藤条做芯子，外面紧套翻毛的鹿或狍的兽皮，从鼓槌的手柄处串眼，再串上皮带，击鼓时把皮带套在手腕上，使鼓槌不会因为失手而甩出去。达斡尔族的神鼓上面一般没有各种装饰图案，为单面鼓造型，据说凡是妖魔鬼怪闻听其声，便会惧遁而去。萨满的击鼓手法也很复杂，有碎打鼓、转鼓、扇鼓、飞鼓、滚鼓等技法，每种手法的运用都会产生不同的音响效果，与身上腰铃、铜镜、铜铃的撞击声产生合奏，此起彼伏，给人身心以强烈的震撼感。做法时神鼓可以用来当交通工具，萨满可以坐在鼓面上上天入地，在江河中可当舟桨之用，是重要的法器。

念珠是由108颗珠子串成，不穿神衣祈祷时挂在颈上。使用范围主要在海拉尔地区的萨满教，莫旗则很少见，可能是由藏传佛教传入的法器，念珠的最早功能是用以记数和摄心，一些得道高僧的佛珠也会用来作法器。

以上的服具平日里要装在特殊的皮口袋里，小心放置，如不小心神灵就会遁走，不再灵验。萨满的服具被认为是神圣的器物，最讲究洁净，不能让人轻易碰触，也绝对不能转卖或任意出借，否则要遭报应。如果没有合适的继承人，会留下遗嘱死后随身陪葬。

新中国成立以后，萨满教被列为封建迷信，禁止萨满们跳神治病，萨满使用的神服或器物都上缴国家，有的萨满悄悄地把神鼓、神服藏到了深山老林的山洞之中，也有埋入地下的。达斡尔族古代的萨满神服和道具都没有被继承下来。据斯琴挂萨满介绍，太爷拉萨满当年使用的神服被人几易其手，已被辗转送入黑龙江省博物馆收藏，她现在的神服是根据神灵的托梦授教，在海拉尔民族服装厂定制，由于服装厂的制作不合乎要求，拿回来之后又经过几次改造，才觉得合身，也就是现在从事宗教活动时穿的这套萨满服装。

第三章
萨满教与社会结构

根据英国人类学家雷蒙德·弗思的定义：社会结构是指把人们的个人利益加以组织，使他们的行为相互协调，以及把人们组织起来从事共同的活动。由此而产生的人和人之间的关系，可以说是有计划的或成体系的，我们可以称它为社会结构。一个社区的社会结构，包括当地人民组成的各种群体和他们所参加的各种制度。我们所说的制度，是指一套社会关系，这套关系是由一群人为了要达到一个社会目的而共同活动所引起的。①

从人类社会发展史来看，大体上都经过了原始群居到氏族，由氏族到部落的进程。这些组织都是以血缘关系为纽带联系起来的。在达斡尔族中，以血缘关系为纽带建立起来的氏族制度没有受到过根本性的冲击，直到清末民初，有些地区仍残留有氏族制度。氏族社会是萨满教赖以产

---

① 〔英〕雷蒙德·弗思：《人文类型》，费孝通译，华夏出版社，2002，第76页。

生和发展的基础，因而氏族性是其基本特征，不仅氏族祖神、动物神、守护神都各有所属，互不混杂，而且萨满所领之神也带有鲜明的氏族性，每一位氏族萨满都以本氏族的祖神为主要神灵，对本氏族成员负有保护的责任和履行宗教活动的义务。

萨满作为氏族社会的象征，曾在维护社会稳定、发展道德习惯方面发挥过无可替代的作用。氏族成员参与萨满举行的各种宗教仪式，群体意识得到进一步的强化，使社会关系更加稳定。萨满也通过宗教活动，将萨满教的思想观念渗透到本氏族的政治、经济、道德和习俗之中，为整个氏族社会结构的正常运行创造了一套行之有效的价值体系和行动秩序。正如爱德华·萨丕尔在《宗教的意义》中所阐述的那样："宗教在他们的整个文化中是主要的结构现实，而我们所说的艺术、伦理、科学、社会组织等等，只不过是宗教观点在现实社会生活中的运用。"[1]

第一节　萨满教与社会政治结构

人类作为群体性的生物，不仅生活在自然之中，而且也生活在群体之中；不仅与自然界发生关系，而且也与群体内各个个体发生关系。作为群体生活，维系稳定的社会秩序成为一个群体能否存在和发展的关键。维系秩序需要一种社会力量作为支撑它的基础，如政治制度、法律道德等都是形成这种力量的重要因素。如果群体中没有首领，也没有相应的

---

[1] 〔美〕爱德华·萨丕尔：《萨丕尔论语言、文化与人格》，高一虹等译，商务印书馆，2011，第 289 页。

相互制约机制，势必会陷入混乱之中，很难维系群体的完整性和长期性。因此，在古代社会中，足以保持社会完整和奉为领导的某种信仰就会成为社会中最有效的组织及统一的力量，基于这样的社会要求，群体中会自然培育出某种群体意识，形成共同的自然崇拜、图腾崇拜和祖先崇拜等宗教信仰观念。原始宗教一经形成，又会成为维护社会结构稳定的精神力量，给社会组织增添意识形态的职能。社会成员的集体宗教活动，又把社会成员在思想信念上整合在了一起。

如今所知道的原始社会组织状况，大体上是氏族或部落有一个酋长，氏族或部落内也有巫师或称为祭司之类的人员，但祭司的职能和酋长往往由一人担任。美洲印第安人"每逢宗教节日，各个氏族都举行祭祀，由各氏族的酋长和军事首领执行祭司职能"[1]。在我国鄂温克人当中，萨满享有很高的威望，起初氏族的首领大部分都由萨满来担任，因而他不仅是氏族的巫师，而且也是该氏族生产生活的组织者，氏族习惯法的解释者和维护者。[2] 可见在更早的时期，氏族长和宗教师可能是合二为一的，后来才逐渐分开。

古代达斡尔人的信仰情况比较模糊，只能根据有限的材料做一个大致的推断。《契丹国志·契丹国初兴始末》记载了一个追溯祖先的历史传说，传说有三个君长："后有一主，号曰乃呵，此主特一骷髅，在穹庐中，覆之以毡，人不得见。国有大事，则杀白马灰牛以祭，始变人形，出视事，已，即入穹庐，复为骷髅。因国人窃视之，失其所在。复有一主，号曰喎呵，戴野猪头，披野猪皮，居穹庐中，有事则出，

---

① 林耀华主编《原始社会史》，中华书局，1984，第 276 页。

② 秋浦等：《鄂温克人原始社会形态》，中华书局，1962，第 98 页。

退复隐入穹庐如故。后因其妻窃其猪皮，遂失其夫，莫知所如。次复有一主，号曰昼里昏呵，惟养羊二十口，日食十九，留其一焉，次日复有二十，日如之。是三主者，皆有能治国之名，余无足称焉。"这个传说在现代人看来近于神话，从萨满教信仰习俗的角度看，三个君长就是三位萨满。这样说的立论依据，首先，是从语言学的角度分析，"雅德根"的本义是"预言者"，其中"根"就是由"汗"音变而来，表示部落首领，蒙古人亦称女萨满为"亦都罕"。据《新唐书·回鹘传》里记载，黠戛斯（吉尔吉斯）部落呼巫为"甘"，据蒙元史专家韩儒林的考证，这里说的"甘"，就是萨满。[①]其次，巫师在原始部落中往往也是一个氏族的酋长，把有名声的萨满死后晒干保存在屋里，这是古代人的习惯，直到近代还有个别部落仍保留有这一传统丧葬习俗。到了后期，萨满的丧葬习俗演变为放到野外进行风葬。在《契丹国志·契丹国初兴始末》中记载的第一位君长乃呵应该就是一位很有名的大萨满，所以在他死后仍然被保存在穹庐中供奉，每逢部落中遇有大事，举行祭祀仪式时，都请这位已故大萨满的灵魂降临人间，附在另一位主持祭祀仪式的萨满身上，通过其口来传达法旨。第二位君长喝呵，在做法时披野猪皮，带野猪头。古代森林民族的萨满就是披兽皮举行仪式，萨满的服装象征着一种动物，后来经过演化就变成了现代人们所看到的萨满神服，但头饰上的鹿角与神鹰装饰却被完好地保留了下来。有的萨满在做法过程中要模仿各种动物神的形象，如果是野猪神下凡附体，就要模拟野猪的动作、神态、声音，披上野猪皮，带上野猪头效果会更加逼真，会让人有身临其境的感觉。而且按照萨满教

---

① 韩儒林：《穹庐集》，上海人民出版社，1982，第285页。

的观念，神服象征着神灵，绝不能让人碰触，否则要遭报应，喝呵失去神服也意味着他失去了作为萨满的标志。萨满是特殊人物，他们大多离群索居，生活中除了跟自己家庭成员和比较亲密的人有接触外，跟周围其他人都保持一定的距离，这样做的效果，一是可以增强自身在群体中的神秘感，二是可以维护举行仪式的神圣性。如果具有了萨满的身份，在社会生活中也会受到应有的尊重，尤其是经他手治愈的病人，对他更是恭敬有加。人们对萨满有悖于常理的言行举止也会采取比较宽容的态度，大都会保持沉默。羊是游牧民族重要的生活资源，第三位君长昼里昏呵能日复一日地维持族众的生活需求，自然属于能力超群出众之人，所以要说"皆有治国之能名，余无足称焉"。这段记载也反映出了契丹人由森林狩猎部落向草原游牧民族过渡的历史进程。在森林中从事游猎活动，生活来源极其不稳定，获得多少猎物，当时人们认为并非人力所能左右，全凭山神的赐予，因此就有了对山神的崇拜。游牧民的生活来源相对来说则要稳定得多，促进畜群发展成了头等大事，人们认识到通过自身努力而不必依靠神赐就可以达到丰衣足食、安居乐业，这些生活方式和观念的转变，在宗教信仰体系中都能够很好地反映出来。

由此可见，古代的达斡尔族与世界上大多数民族一样，握有神权的萨满曾拥有至高无上的权杖，他们既是宗教祭司，同时又是政治上的领袖，是一种首领与巫师合一或并存的社会政治结构。

随着社会分工的不断细化和长期的部落战争，萨满孱弱的身体已经很难胜任日益繁重、复杂的政治及军事活动，逐渐退出了政治权力角逐的舞台，强大的军事首领渐渐在社会生活中拥有了主导的支配权。据《黑龙江志稿》记载：（博木博果尔）以材武长其部。明崇祯十年（清崇德二年，1637）朝于清，次年又贡方物，寻与清绝。黑水诸部唯索伦达虎里为大，博木博果尔得众心，江南北各城屯俱附之。这说明达斡尔族在黑龙江流域时期就有了部落之间的军事联盟，联盟的政治领袖由能力超群、武艺高强的人担任。不过，此时的萨满仍然是社会结构中的重要组成部分，发挥着重要的作用。在赫哲族民间流传的伊玛堪中，英雄好汉牟汉塔当选为部落首领时表态："在座的诸位长辈、姐妹弟兄，承蒙大家的深情厚意，推举我做这霍通的城主，感谢众人对我的信任，让我当这部落的额真。为了繁荣自己的部落，我不负众人的嘱托。为了壮大自己的部落，我不负众人的期望。我要带领这里的山民百姓，建立声势浩大的霍通。让这里的人们丰衣足食，让这里的人们安居乐业。让这里的人们顶天立地，让这里的人们永世不受欺辱。让各路神灵助我一臂之力吧！让萨满色衮（神灵）给我们无穷的智慧吧！"[1] 英雄人物就职演说的结尾部分仍然要祈求萨满神灵来帮助他完成伟业，因为人们相信，只有萨满才具备与自然界中超自然力量打交道的秘密知识和力量，因此，部落首领往往也会利用萨满的影响力来为自己的权力服务。此时的萨满多以"军师"或"参谋"的身份与部落首领合作来完成对部落民的社会控制。

通过武力确立的政治权力通常是不稳定的，为了维护自身统治的长存不衰、神圣不可侵犯，统治者会利用一切可以利用的力量，宗教信仰就是巩固政权的有效资源之一，我们常常会发现古代帝王合法性背后都会有某种信仰的支撑，使其追随者们相信他代表着群体价值。如《辽史·太祖纪》所载："母梦日堕怀中，有娠。及生，室有神光异香，体

---

① 孟慧英：《萨满英雄之歌——伊玛堪研究》，社会科学文献出版社，1998，第98页。

如三岁儿，即能匍匐。……三月能行；晬而能言，知未然事。自谓左右若有神人翼卫。"通过制造这样的社会舆论，让人们相信，耶律阿保机生来就与众不同，是上天让他来统一契丹各部，建立契丹国而称帝的。契丹统治者征战时也要祭祀天地，包括在战前、战中和战后，认为战争的起因、胜负是上天决定的，所以要祈求上天来保佑自己。成吉思汗在统一蒙古各部的斗争中也充分利用了萨满教的影响，来壮大自己的势力，最终取得了胜利，统一了蒙古各部。1206 年春，蒙古各部贵族、那颜在斡难河源头召开忽里台大会，大萨满阔阔出代表天神当众宣称铁木真为成吉思汗，"最高的主让你统治大地"，"最高的主命你采用成吉思汗的称号"。① 另一位著名萨满豁儿赤也因为曾预言成吉思汗能成就霸业，而被封为万户，获赐 30 名美女。当统治者得到代表神权的萨满的承认时，他的合法性就正式得以树立。正如马凌诺斯基所说："它（巫师）总是一种保守的力量、吓人的手段，常常用来推动习惯法的施行和保障统治者的利益。……它却始终是既得利益和既成秩序的保障物。就大体而言，它是站在习惯法及秩序这一方面，而反对骚动和叛乱的。……凡背后有酋长或秘密结社做后盾的邪术家，他们的法术，总会比那些独自卖力或与权门不和的术士，来得更为有声有色。所以，当超自然的感觉和敬仰威权的意识联合在一起的时候，双方都会由这种联系中得到利益。"② 此外，宗教也可以让政治领袖发挥个人魅力，使受到政治压抑的人们的情感得以宣泄，从而有利于维持政治统治。

清朝初年，当达斡尔族由黑龙江流域内迁至嫩江流域时，还保持着

---

① 〔波斯〕拉施特主编《史集》第 1 卷第 2 分册，商务印书馆，1983，第 347 页。

② 〔英〕马凌诺斯基：《文化论》，费孝通译，华夏出版社，2002，第 78 页。

相当完备的氏族组织结构。清政府为了便于管理，没有打破达斡尔族固有的社会结构，而是在原氏族组织基础上，把达斡尔族编入八旗组织，纳入国家的政治体系当中。

清代布特哈八旗中，以达斡尔人为主组建的镶黄旗以鄂嫩哈拉为主，正黄旗以敖拉和莫日登哈拉为主，正白旗则以郭布勒哈拉为主。其中正黄旗 19 佐中，由同一哈拉的单一莫昆组成的佐 6 个，由同一哈拉的两个莫昆组成的佐 8 个，由两个哈拉的两个不同的莫昆组成的佐 2 个，由三个哈拉的三个不同莫昆组成的佐 1 个，不知所属哈拉的佐 2 个。在整个清代，达斡尔族旗民不仅不能擅自离开其原来的旗佐地域迁往他处，而且八旗兵外出不得超出百里之外，以保障按时参加军事操练和随时应征参战。因而他们始终保持聚族而居的传统，为氏族组织的延续提供了条件。[①] 此前的哈拉、莫昆都是在本氏族内选举产生首领，还有定期举行的哈拉会议，凡涉及整体利益的重大事宜都由哈拉会议来商定。纳入国家行政体制后的达斡尔族社会政治结构也发生了很大的变化，在"以旗统人，以旗统兵"的管理模式下，各级官吏均由上级官府来任命，他们的职位大都是通过战功或是接受教育、科举考试而被委任，萨满在政府行为中的影响变得微乎其微，更不要说为首领的政治地位提供任何保障。从此萨满的政治影响力、社会地位一落千丈，沦落为氏族首领的附庸，被彻底排除在氏族政治生活之外，不能参与氏族管理层的一切事务。达斡尔族萨满只能在宗教活动中发挥其独特的作用，离开神灵附体状态后的萨满与普通人无异，还要参加日常生活中的劳动来维持生计，或许这也是人们不愿意当萨满的原因之一。

---

① 满都尔图：《略论达斡尔族的氏族制度》，《社会科学战线》1985 年第 2 期。

第二节　萨满教与伦理道德

人们可以用什么方法使社会保持团结和稳定呢？法国社会学家涂尔干在他的《社会分工论》中指出了"机械团结"与"有机团结"之间的区别。"有机团结"描绘的是像我们自己所处的都市化的社会。在这里，联系基于劳动分工，屠户用他的肉来换钱，面包师用他的面包来换钱，然后屠户才能用换来的钱去买面包，而面包师也才能用换来的钱去买肉，每个人都要先完成自己的工作。彼此有益的交换，就是将社会连接到一起的东西。依照涂尔干的看法，"机械团结"可以在传统社区发现，团结不来自劳动分工和经济交换。相反，大家都做同一件事，团结基于共有的道德，对一个唯一的规范和信仰抱有牢固的承诺。在这样一个"道德社区"，社会关系是固定的和僵硬的，扎根于亲属关系，而不是灵活的，适应市场契约关系的方式。① 依照涂尔干的划分理论，达斡尔族社会应属于"机械团结"的社会，社会生产状况基本上是自给自足，没有形成发达的商品生产和商品交换机制，产品主要供自身消费，很少到市场上出售。因为地广人稀，社会中也很少有土地占有意识，衡量财富的多少是以牲畜的多寡为标准，家庭少有固定财产，人际关系相对单纯，因此也很少发生争执诉讼案件。哈拉、莫昆的成员大部分时间是各自忙于自己的生计，每个家族各自为政，没有形成共同的利益基础，人与人之间，邻里之间相对索居，保持着一种相对松散的联系。也就是说社区

---

① 〔法〕埃米尔·涂尔干：《社会分工论》，渠东译，三联书店，2000，第33～73页。

是统一的，但人们的社会行为却是独立的，社会组织对个体成员没有很强的约束力，容易产生分裂和重新组合。

马凌诺斯基在《文化论》中指出："人类生活上的每一重要危机，都含有情绪上的扰乱、精神上的冲突以及可能的人格解组。这里成功的希望又须与焦虑和预期等相挣扎着，宗教信仰在于将精神上的冲突中的积极方面变为传统的标准化。所以，宗教信仰满足了一种固定的个人需要，这需要乃为社会组织所连带的心理上的相配部分所造成。另一方面，宗教信仰及仪式使人生重要举动和社会契约公开化、传统地标准化，并且加以超自然的裁认，于是增强了人类团结中的维系力。……宗教中无论任何方面，也无论任何信条，都不能没有其伦理方面的相配部分。永生信仰是由人与人之间的关系和感情发生的，并且，它的整个仪式的制定，在信条与仪式两方面之外，也同样地有道德方面。各种形式的自然崇拜，都有合作的——也就是利他的或伦理的——方面，此外，人生的各种圣礼将人们集合起来，不仅是为着举行非个人的仪式，而且是为着促进彼此的利益和保证彼此的责任，而唤起公共行动。"① 在传统达斡尔族社会中，每逢天灾人祸、瘟疫流行之时都要举行大型祭祀活动。通过祭祀仪式，集体的力量会获得重新整合，人们的集体参与愿望得到了实现，从而避免了社会瓦解的状态。因此，包括治疗仪式在内的萨满教的任何仪式行为，都要得到社会的承认和群体的参与。过去达斡尔族每年都要举办敖包祭祀仪式，祭祀的目的主要是祈求风调雨顺，消灾免祸，莫昆人民能够安居乐业、繁荣兴旺，有时也在敖包集会上处理涉及全莫昆整体利益的重大事件，开展群众性的传统体育比赛活动。开展这些公

---

① 〔英〕马凌诺斯基：《文化论》，费孝通译，华夏出版社，2002，第85~86页。

共活动，除了娱乐功能外，也会促进群体的集体意识，增强莫昆的内聚力。如：道光壬辰年六月甲申日在海拉尔敖拉哈拉敖包祭祀仪式上经过商议选举新的莫昆族长，在《壬辰年间乡村长老共议村事纪要》中写道："唉！在我们乡村了，过去是有一定法度，一定的礼仪和一定的规诫的。法度是在社祭上决定的，礼仪是在社祭上磋商的，规诫也是在社祭上发布的。"① 通过重大宗教祭祀仪式的举行召集全莫昆的男女老少，由氏族长提议推举之事，得到大家的同意。通过宗教活动，氏族长或萨满借助祖先神灵的旨意宣讲各种习俗规范和禁忌，确立氏族习惯法，成为人们生活中遵守的行为准则。从伦理的角度讲，举行宗教仪式可以使人们的生活和行为神圣化，成为产生道德观念的重要源泉。

一　基于祖先崇拜的家族、婚姻观

达斡尔人长期以来聚族而居，同一个社区内的人都有千丝万缕的血缘关系，由此形成一种强烈的家族观念，人们在社会生活当中严格按照血缘亲疏、辈分大小的排序来协调人与自身、人与他人、人与群体各部分之间的关系。正如费孝通先生所说："缺少变动的文化里，长幼之间发生了社会的差次，年长的对年幼的具有强制的权力。这是血缘社会的基础。血缘的意思是人和人的权利和义务根据亲属关系来决定。……血缘是身份社会的基础，而地缘却是契约社会的基础。"② 在达斡尔族传统社会生活中，亲属关系的序列——辈分具有突出的位置，是编织人际关

① 《敖拉·昌兴诗选》，塔娜、陈羽云译，内蒙古教育出版社，1992，第209页。
② 费孝通：《乡土中国》，北京出版社，2005，第100页。

系网络的重要环节，如果打断这一环节，整个社会将陷于无序状态，导致社会混乱。在社会交往中，最重要的内容就是确定辈分，辈分高就意味着某种权利，得到更多的尊敬；辈分低的人意味着义务和某种程度的服从。由此衍生出了严格的亲属制度和亲属称谓，被人们奉为最高准则，不敢越雷池一步。古代莫昆里面有老者去世，比死者年少的同辈和晚辈们都要服孝，同辈者只扎孝一个月，晚辈者服全身孝，较疏远的晚辈则不服孝。丧葬仪式每个家族必定参加，并送酒或猪羊等物品。如有辈分纠纷时，要召开哈拉族谱会议才能理清辈分，解决争端。达斡尔人认为开族谱会是要读始祖、祖先名谓的大事，所以郑重其事，要杀牛杀羊，备好祭品，把族谱供奉起来，大家叩头之后才能打开。正常情况下，每隔 20 年或 50 年才开一次族谱大会，但是为了解决纠纷，避免出现混乱，有时不得不打开族谱，辈分在达斡尔族社会中的重要性，由此可见一斑。即使不相识的人见面，也要辗转打听，首先弄清对方所属的哈拉、莫昆，接着就提到对方所属莫昆里的某某人，根据这个人来间接确定双方的辈分。这种严格按照辈分来界定社会关系的传统与萨满教祖先崇拜意识互为表里，二者一脉相承、息息相关，可以说，辈分关系是祖先崇拜世俗化的一种表现形式。

祖先崇拜是萨满教诸信仰中最重要的内容之一，它的来源就是相信祖先的灵魂不灭，并且成为超自然界的一部分来加以供奉和崇拜。达斡尔族的每一莫昆都有自己的"霍卓尔"（祖根），霍卓尔·巴日肯（氏族保护神）多以莫昆为单位，达斡尔人相信霍卓尔·巴日肯为祖先魂灵所寄，因此每逢节日或遇到重大事情都要举行祭祀仪式，祈求祖先的魂灵来庇护和保佑自己的家族兴旺发达。这些祖先神都有各自的来历和传说，经过世代流传，已经深入人心，对人们生活的方方面面都产生了深远的影响，并引申出与之相关的各种礼仪活动，形成了以"敬老"为基本内核的人伦道德体系。

在闭塞而发展缓慢的社会中，创新与变革并不显著，更多表现为对前辈经验和生产技能的继承，老一代人传授给年轻一代的不仅是基本的生产技能与经验，还包括他们对自然界的认识和对生活的理解。达斡尔族中有句谚语："供奉神仙，是放排人的信条；尊敬年长，是放排人的美德。"生产活动中需要长期积累的经验，而经验的积累又是随着年龄的增长而逐渐增加的，在这方面老年人具有较大的优势，因此，年轻人遇到重大问题，都要先向老人请教，听取他们的意见，学习他们的经验。老人之间谈话时，不许年轻人随便插嘴。居家中西屋南炕是老人坐卧的地方，晚辈人进屋，不能背向老人坐下，因为那是不懂礼节的表现，也不准背向墙上的神龛，因为一般人家都把神龛放在西墙上供奉，此神龛最忌讳生人的动摇碰触，触之必病，所以客人进屋必先坐北炕之上。见长辈老人与年长者进屋，年少者必须站起来迎接，要让以上座，并行敬烟礼。客人到家里拜访必先向家中老人请安、敬烟，经过允许才可以落座谈话，老人有所问，晚辈则立起回答，恭敬地回答长辈的问题，举止行动要谨慎得体，不能在老人面前言行不端，嬉笑打闹、斜坐伸腿、两目乱视等都在禁止之列。在《索伦纪略》中记载有当地人的趣事："官兵相处有如家人父子，毫无拘束，有时吸烟谈笑，无所不至。军官一戴礼帽，群众即急收烟管起立示敬，唯唯否否不敢违命；将帽脱下，则群众即面呈笑色，出管吸烟，谈笑如初。见其形貌变更之速，起立之频，宛如演剧，真可笑也。"[①] 对达斡尔族生活习俗有深入了解者，就能理解

---

① 赵铣：《索伦纪略》，《达斡尔资料集》第 1 集，民族出版社，1996，第 359 页。

官帽所代表的象征意义，对戴官帽者起立示敬应属于下意识的举动。达斡尔人的观念中，官帽具有某种神圣性，戴上官帽的官员就是在代表某种权力，亦如生活中萨满穿上神服，戴上神帽举行仪式时，他就是神灵的化身，而不是平常生活中的萨满本人。通过以上比对分析可见，达斡尔人对戴官帽者的态度宛若生活中对老者的态度，达斡尔族社会中年龄愈长愈接近于神的境界，因而年长者会受到格外重视。

对待老人的尊敬与爱护之心也体现在家庭生活中。家里经济条件许可的情况下，尽量让老人享受小灶，不得让老人生活在起居以及为饮食等方面受苦，同桌吃饭时，必要老人先动碗筷，全家方可用餐。若老人失去劳动力，儿女有赡养的义务，社会中以孝敬老人为荣，虐待老人则要受到整个社会的舆论谴责和耻笑。达斡尔族社会中敬老的故事很多，有的还很感人。传说，布特哈达斡尔族莫日登哈拉之祖母莫日登·额特姑有7个儿子，后来她失踪了。多年以后，成仙的莫日登·额特姑返回家乡，到已自立门户的孩子们家里串门，有的子孙还能认出她，热情招待，请她吃"拉里"（牛奶粥），有的没有认出来而未予理睬，将其撵出了家门，她就在这些没招待她的孩子的家里作祟，这些人最后不得不供奉她。

在各种仪式典礼中以辈分为重，年长为尊，年轻人不论亲疏都要给在场的老人让路、让位，向老人请安、敬烟以示尊敬；送客时要让老人先出去，女主人送到屋门外，男主人送到大门口。日常生活中更不能直呼长辈的名谓。这些礼仪都有严格的规定，稍有僭越，轻则受到当面训斥，重则要向家长讨说法，并依照习惯法进行严厉的惩罚。

达斡尔族严格实行一夫一妻制，过去也有富人、有权势者纳妾的现象，但属个别现象，并不普遍如此，主要是达斡尔人不愿意送自己的女儿去当二房，受人摆布。

传统观念中，严格禁止同哈拉的人缔结婚姻关系，每个人都自觉遵守这一习惯上的约束，其理由是：两人虽然不属于同一个莫昆，可是往上追溯，仍然是同一始祖的子孙，也就是说有血缘关系。所以，布特哈地区的莫日登哈拉的人与齐齐哈尔莫日登哈拉的人之间虽然相隔数百里，血缘关系已相隔十余代，但仍不能通婚。

禁止同哈拉内通婚的成规，任何人都要严格遵守，即使被朝廷任命的官吏也要受氏族习惯法的约束，不得僭越，否则也要受到惩罚。20世纪50年代，莫日登哈拉的莫日登屯邦某，他和同哈拉的女子孟某结婚时，曾遭到同哈拉人的劝阻，因为两人属同一哈拉，其六代祖先是同一个人。同族人反对的另一个理由是，女方是男方的姑母辈，不对辈。邦某的亲族劝阻他，提出只要不娶孟某，大家出钱给他娶妻都可以。邦某执意在婚姻法的保护下结了婚。1953年，邦某同一哈拉的一年长者病故，邦某夫妇按习俗前去参加葬礼，在场的同族人问孟某："你以什么身份来参加葬礼？如是莫日登家姑娘，就坐在炕上；若是莫日登家媳妇，就在地下做活。"也责问邦某："把你算莫昆成员呢，还是当女婿来看待？"邦某夫妇无言以对，结果没有参加葬礼。从此以后，认识的人也常明知故问邦某："你媳妇是什么哈拉？"对孟某的问话则是："你娘家是什么哈拉？"屯中年轻小伙子之间开玩笑说："没有老婆好办。娶姑姑呗！"邦某和孟某为这事很苦恼，特别是孟某，她怕族人耻笑，很少出屋，每天偷偷哭泣，曾要求离婚。1955年秋季，两人迁居扎兰屯，以避族众耻笑。[1] 直到现在，有些地方对同一姓氏的人结婚，还有抵触情绪。

---

[1] 《达斡尔族社会历史调查》，内蒙古人民出版社，1986，第192页。

2009年，笔者在莫力达瓦旗阿尔拉镇实地调查时，询问过当地的达斡尔族老人，他家儿子与同哈拉女子结婚的情况，他说："现在不讲究那些了！"老人虽然这样说，但可以看出表情很不自然。现在的年轻人思想观念开放，提倡自由恋爱，在同一个村屯里找对象谈恋爱的情况很多，老年人也不能阻止他们，无可奈何之下，只好顺其自然，不作过多的干涉。

在达斡尔族社会中，男女结婚被视为是很重要的事情，选择配偶要讲究门当户对，要在平辈之间缔结姻亲关系，因为这关涉到双方的家庭乃至于莫昆，所以对婚姻非常慎重。如男方家长相中某家姑娘，首先要请能说会道的媒人到女方家里提亲，如女方家不同意这门亲事，则不会接受媒人所送的礼物；即使女方家长同意这门亲事，也不会立即应允，需媒人费时费力从中做很多工作，大家都认为这是必需的程序，不会觉得是很麻烦的事情。达斡尔族谚语有"买缸要敲响敲响，定亲要了解了解"这样的说法。过去都是由家长决定儿女的婚姻大事，所以传统达斡尔族社会中婚姻家庭轻易不会破裂，离婚被认为是极不体面的事情，也是对长辈所作决定的亵渎。除非是男方死亡，女方才会被允许改嫁。实在无法维持婚姻关系了，在离婚仪式上，找一个没有儿女的孤寡老人，在江边野外书写离婚手续，然后男女双方各扯一半，作为离婚的凭据。在人们的观念中，离婚是不吉利的事情，所以不能在村中写离婚书。在达斡尔人的谚语中有"写离婚书的地方，三年不长草"这样的说法，含有劝诫之义。有的地方，如果男方坚持要求离婚，离婚仪式由娘家主持，男人必须俯伏在地上，妻子跨越其颈，然后在男方家的炉灶口和烟囱上缠一块白布，象征丈夫已经死了，这样，才算正式离婚。贫穷人家离婚时，把象征夫妻生活的枕套扯成两片，各揣一片来表示分家离散。

　　离婚的人社会地位低下，受人歧视，子女也觉得抬不起头来，所以极力反对父母离婚。旧话说："重热的饭别吃，离婚的女人别要。"就是说离过婚的人不安心过日子。如果妻子去世，男子要两三年后才可以再娶，叫守"朱日干"，意思就是守护两个人在一起生活的情义。丈夫死后，提倡寡妇不再嫁。据说在清代曾发生过这样一件事，一位少女的未婚夫在过礼订婚后患急病死去，少女闻后自动戴孝到夫家，纳养子，守寡一生。此事报朝廷，立碑传扬后代。《布特哈志略》中也有此类记载："在西布特哈正白旗大莫尔丁屯南官道迤傍，方石底之石碑一座，系大莫尔丁屯鼎符妻苏都尔氏，于二十九岁为孀守节，二十余年，忍痛耐苦，不辞饥劳，奉送威姑之寿考，敬顺尽心尽孝，抚育双孤之幼龄，教训惟俭，事经西布特哈总管金纯德具状呈请中央特予旌表，褒扬其节孝，乃勒石遗傅其坤范，永垂不朽。"达斡尔族守节的习俗受"大传统"的影响较大，可能来自于达斡尔人学习满、汉民族文化的结果。

　　过去生活水平低下，又无相应的医疗设施，所以人的寿数普遍不高，活到六七十岁者实属罕见，他们的存在本身也是个奇迹。因此，在达斡尔族社会中老人极有威望和影响力。老人往往也象征着一种权威，对于一个家族的稳定有着举足轻重的影响。老人在世时，一般兄弟之间不会分家，如要分家则被视为大逆不道之举，要受到舆论的谴责。达斡尔人的潜在意识中，觉得岁数越大的人越具有神性，人们都将他待之以神灵。当家中老人去世时，都忌讳说"死"，而说"巴日肯伯勒僧"（成神灵了），达斡尔人认为祖先的灵魂无所不能，对家庭及后世子孙的荣辱兴衰至关重要。

二 基于自然崇拜、动物崇拜的生态观

最初的宗教表现是反映自然现象、季节更换等的祭祀活动。一个部落或民族生活于其中的特定自然条件和自然物，如天体、山河、水石、风雨、火和动植物都成为崇拜对象。古时的达斡尔人仰望日月星辰的出没运行，置身纵横交错的山川河流之间，展开丰富的想象力，试图解释自然万物的内在联系，认为各种诡异自然现象背后都有冥冥之力在运转操纵，由此生发出对神秘莫测自然现象的敬畏之情。

达斡尔族萨满教最显著的就是对天的崇拜。在神话传说中，人类生存的大地上空笼罩着一个半圆形的天体，大地上站着一只仙鹤，它用一只脚站立在大地上，每隔若干年轮换一次脚就会引起大地摇晃，于是人间就发生地震。达斡尔族是天仙女下凡和地上猎人结合，生儿育女繁衍的后代。

在这种天体崇拜意识下，日月星辰都成为了神灵，可以决定人们的吉凶祸福、荣辱安危。人们对这些自然现象顶礼膜拜，逢年过节都要隆重祭拜。如在"阿涅"（春节）之时，达斡尔人在院里供奉天神，在桌子上面放一碗米，插九炷香或一把香，家长带领全家男性向天神叩拜，祈祷天神保佑全家太平安乐，子孙没病没灾，身体健康。除夕夜要祭拜北斗七星，据民间传说北斗七星有把持性命的权力，所以家里有当兵的人家，一定要祭拜它来祈求保佑子女平安归来。

达斡尔族最早的方位观念也和太阳崇拜相联系，太阳升起的地方和太阳落下的地方构成两个基本方位。达斡尔语中用"纳日嘎日韦贝"（日出之处）来表示东方，"纳日弯怒韦"（日落之处）来表示西方，是

以太阳的运行轨道作为方位基准。这种方位观念又和特定的精神观念相联系，由此也成为建筑房屋等生存活动的一种基本标准。达斡尔族居室以西为贵，老人住西屋南炕，正房西墙供神。古代北方游牧民族所居帐庐东向设门，家中尊者坐卧必在帐庐最深处，见客人坐西面东应为必然。神祇也是挂在西墙上，接受人们祭拜。《辽史》中有这样的记载："辽俗东向而尚左，御帐东向，遥辇九帐南向，皇族三父帐北向。东西为经，南北为纬，故谓御营为横帐云。"这说明古代的契丹人也是以西为贵，帝王坐在御帐中面东背西接受群臣的朝觐。

达斡尔人对居住环境十分重视，大都选择依山傍水、视野开阔、地势较高向阳的岗坡或山脚下来建村立屯，即使在平原地区，村屯也建在临近河川的高地。所以，汉族群众评价说："有达斡尔人家的地方不怕水灾。"屯落的格局一般以东、西为一条线，排列整齐，形成一条街，屯中东西和南北间均有道路相通。每家房屋的东西两侧和房后一片地为园田，这样房屋之间就要相隔一定距离。民居房舍院落修建得十分整齐，家家户户都围绕着红柳条编织的带有交叉花纹的篱笆，美观大方。院落设有两道大门，第一道门插两根横木，旁设马棚和牛舍，往里一点才是两扇正门，进了这道门才算正式进入了院落，这样的格局，是为保持院落清洁。"介"字形的屋顶，盖着厚而平整的苫房草。为使空气清新，室内空间都相当高大，重视室内光照充足和通风设施，运用多窗方法扩大采光面积。达斡尔族妇女还有培养花圃的习惯，在西窗外开辟一方地，用小石头围做花池，种植各种花草，夏天打开西窗时，就可以看到争奇斗艳的花卉竞相开放，让人精神倍增、心情舒畅。

置身达斡尔式的院落中，花卉树木近在身边，如身在大自然环抱之中。达斡尔人对居住环境的苦心经营最能体现出内心深处根深蒂固的森林崇拜信仰，这种信仰与古代狩猎生活有密切的关系，是对自然崇拜的反应。经常听住在城镇里的达斡尔人抱怨，一进山里就心情舒畅，一回到家里就感到憋闷。周围楼房林立，每天车水马龙的喧嚣氛围，还有高节奏的生活频率，都使进入现代社会的达斡尔人更加怀念往日与大自然亲密相融的安逸闲适生活。

古代北方民族对各种动植物都崇敬有加，认为动植物的神灵对人的生活有更直接的影响。信仰萨满教的北方诸多民族的族源传说都与某种动物有联系，如鄂温克族就流传着关于熊图腾的神话："有一个猎人进山打猎的时候，突然被一只母熊抓着了。母熊把他带进山洞，强逼猎人与它成婚。猎人被逼无奈，便在小洞里和母熊共同生活了几年，直到他们生了一只小熊。后来猎人乘机从山洞中逃了出来。母熊发现猎人逃走了，便抱着小熊去追赶猎人。追到江边的时候，发现猎人乘木排跑了。母熊为此十分气恼，就把小熊当场撕成两半，一半抛向猎人，一半留在身边。留在身边的成了后来的熊，抛向猎人的就是后来的鄂温克人。"驯鹿的鄂温克人现在还把公熊叫做"合克"（对父系最高辈的称呼），称母熊为"鄂我"（对母系最高辈的称呼），把熊当作他们的祖先。[①] 这种思想观念在达斡尔族的民间神话传说中也有所反映，达斡尔人忌讳进山后直呼老虎、熊的名字，而称老虎为"诺颜固热斯"（百兽之王），称熊为"额特热肯"（老人家），如果遇到老虎的足迹则不能横着走过去，要绕开或往回走。达斡尔族中流传着关于山神老虎的神话传说，在《图瓦沁脱险》的传说中讲道：

从前有一组猎人到深山里行猎打貂，运气很好，每天得不少貂

---

① 卡丽娜：《驯鹿鄂温克人文化研究》，辽宁民族出版社，2006，第222页。

皮。有一天晚上狗吠马嘶，来了一只老虎，咬住一匹猎马的腰部将其叼走了。如此好几夜，几乎将猎马全部叼走，危及猎人的生命。猎人们无奈，计议当晚将每个人的帽子放在外面，如果谁的帽子被老虎叼走，谁就留下应付，免致全组遭害。结果老虎把图瓦沁（伙夫）的帽子叼走了。

这样别人收拾好行囊，顺着老虎走过的脚印回奔家乡（据说如果横过老虎的踪印，老虎发现后认为是有意和它对抗，而会追踪加害于人），图瓦沁只好泪别组人，留下一人爬在树上。老虎来了蹲在树下，低头闭眼，将前爪抬起打量着树上的图瓦沁。图瓦沁一看，原来在老虎的掌上扎了一根刺，自思在树上不被老虎吃掉也得饿死，倒不如下去帮助这个兽王将刺拔掉，也许能死里逃生，就索性下来用猎刀将老虎掌上的刺拔掉了。结果老虎在地上连翻三下，摇着尾巴走了。图瓦沁不知如何是好，当日已晚，准备第二天离开这里。太阳快落山的时候老虎又来了，背上驮着很多毛皮，卸在图瓦沁面前又走了。

达斡尔族猎人碰到狐狸、黄鼠狼更是敬而远之，唯恐避之不及，认为它们都是具有神性的动物，如果冒犯了它们，要遭报应。他们都忌讳把狐狸皮带入房屋，达斡尔人家中供奉的山神就是成精狐狸的化身，它可以给人带来财富和好运，也可以对人作祟致病。

动物崇拜思想也渗透到达斡尔人娱乐文化生活中。人们平日里喜欢跳的舞蹈，有的就来源于对鸟兽的动作模仿，其中最受欢迎的"鲁日格勒"舞，就是以飞鹰振动翅膀的动作为主，舞者希望自己也能像雄鹰一样，插上翅膀在天空中自由地飞翔。在优美的旋律中，舒缓地挥动双臂，仿佛鸟儿在空中飞翔，抒发了达斡尔人对天空无限的向往和对自由生活的渴望之情。斗熊舞来源于对熊的姿态的模仿，二人对面而舞，反复错位旋转，类似熊的打斗场景，舞姿刚劲有力，节奏欢快，在舞蹈过程中，口中不断发出熊吼的声音，生动活泼，饶有情趣。

在远古渔猎采集时代，人类的生活资源取自于自然，最后又都回归于自然，人与大自然保持着紧密的互动关系。人与大自然既相互制约，又相互适应，在长期的生产实践中逐渐培养出了人们崇敬自然，亲近自然，与自然万物和谐相处的思想观念。这种崇尚自然、亲近自然、回报自然的思想观念深植在达斡尔人的头脑中，培养了达斡尔人正直、善良、勇敢、忠诚的民族性格。他们认为大自然里贮藏着人们赖以生存的一切资源，是整个群体的共有财富，任何人不得随意进行需要之外的捕杀和砍伐，对无节制地掠夺自然资源、乱砍滥伐、偷盗山林树木的行径更是深恶痛绝。在当今人与自然之间关系趋于崩溃之时，传统文化中自觉维护生态平衡的思想观念、生态伦理至今仍发挥着积极的作用，对改善自然环境、人类保护和可持续利用自然资源具有重要的现实意义和应用价值。

三 基于鬼神崇拜的是非善恶观

古代的人对梦境中出现的各种情景，生活中预感的应验，都感到无比的惊奇和畏惧，认为除了肉体之外，还有另外一个不可捉摸的神秘存在，各种无法解释的现象，就是这种不可触知的神秘存在发挥作用的结果，灵魂的观念由此诞生。达斡尔人的观念中，灵魂具有实在性，是类似于小虫子一样的东西，在人睡眠时，灵魂由人体的鼻孔钻出，跑到外面活动，梦中出现的各种情景就是灵魂所经历的情景。人死之后，灵魂离开身体，不能进入阴曹地府的，有时就像气体一样四处飘荡，有时会依附在某种物体之上，此物体就具有了该灵魂的神性。民间故事《安本和他的三个妻子》①中就讲道：安本的大妻和二妻设下毒计，害死三妻生下的前身银色、后背金色的婴儿，剁成肉酱，煮了又煮后扔掉。恰巧，有一头花奶牛把煮孩子的水喝掉，后来花奶牛生下前胸是银色、后背是金色的牛犊子。后来牛犊子复还人形，替母报仇，惩治了恶毒的大妻和二妻。这个故事就是讲人的身体消失，被烹煮而化为水，被母牛喝下后，复化为牛犊，再回归人形的过程，也就是说，虽然人的外在形体可以发生变化，但具有的灵魂不会随之消亡。灵魂始终是存在的，没有随外在形体而消失、变化，而且离开人体的灵魂所具有的某种功能和活着时候一样能发挥作用。

达斡尔人认为世界上充斥着各种善灵和恶灵，它们无处不在，人类的一举一动都在神灵的密切关注之下，世间的灾难疾病、祸福吉凶都由各种神灵鬼魔主宰。所以达斡尔人把人生中的第一杯酒，狩猎中打到的第一只猎物，生活中最美好的物品都郑重其事地献给神灵，来表达对神灵的崇高敬意，认为这样就能获得神灵的护佑与恩赐，获得意想不到的好运气。如果遭受疾病和不幸，会归咎于神灵不再庇佑所致，只有那些言行触犯了神灵禁忌的人才有各种疾病，灾难才会降临其身。

在萨满教的信仰观念中，天上的神仙、人间的各种动植物、地界的阴曹地府构成一个完整的世界。在世时积德行善的人，死后还会投胎转

---

① 安本：清朝的官衔，此处指大官。

世回到人间，在世时作恶多端、做尽坏事的人，死后被打入地牢深层，受尽折磨。对爱说人坏话的、陷害别人的人，要把嘴缝上；对瞪斜眼、打骂老人的人，要剜眼割舌；仗势欺人、动手打人的人，要锯手断腿。这些恶人来世投胎转世为驴马猪狗，受人驱使。这些善恶报应观念的盛行表现在人们的日常生活当中，就是自我约束和循规蹈矩，祈望通过现世的积德行善，达到死后的超生和来世生活幸福。对鬼神的敬畏和愿望也在人们心理上造成了一种爱憎分明的是非、善恶观念。

达斡尔族的众多传说故事中，有助人为乐的神仙和仙女，也有吃人的魔王莽盖，两者善恶分明，势不两立，最终都是以正义和善良获得胜利，邪恶与阴谋失败来收场，贯穿着惩恶扬善、因果报应的道德观念，具有教化世人的积极作用。如神话《天神战胜莽盖》中讲道：

> 古代有个半人半兽的庞然大物，叫做莽盖，长有九个头颅，浑身都长着长毛，吃人肉，喝人血，残害生灵。天神听到这个恶魔危害人间，在嘎西讷洞与之进行决战。在洞东南四十里处，有一个石碑，为嘎西讷洞的石门。莽盖与天神相约，要以射箭比武，射中石门者为胜。莽盖射出的箭中途被神鹰叼走，无影无踪；天神发箭，洞穿石门。莽盖望而生畏，仓皇逃跑，被天神驱赶到西海之边，从此不敢再来危害人间。

天神与莽盖就是善与恶的象征。在正义与邪恶两种形象的斗争中，善良、勇敢、正义得到了颂扬，凶狠、贪婪、邪恶受到了贬抑，神灵所反映的善恶不过是人们自身善恶观的投射，折射出达斡尔族坚持真理、追求正义、不怕斗争的民族性格。

在《蜜蜂送来的礼物》故事里就讲道：

古时候有祖孙二人在一起生活，一天晚上，孙子在睡梦中来到一个陌生的城市里，这里的人都愁眉苦脸的，让他觉得很奇怪。有位老人告诉他，这里来了条蟒蛇，嘴有城门大，要吃掉全城的百姓，王爷派很多兵也没打过它。老人把他带到王爷那里，王爷说："你要救我们全城的人，只有一个办法，在你家西墙外挖一个洞，我们暂时搬走，就能躲避这场灾难。"唠到这里，忽然醒了。他问爷爷这是怎么回事，爷爷说："他叫咱们帮忙，明天咱们就去挖个洞吧。"第二天，爷爷领着孙子在西墙外，挖了很大个洞。这时，飞来了只大蜜蜂，围着洞转了好几圈又飞走了。不一会儿，飞来很多蜂子，都钻到洞里边去了。

爷爷领着孙子拿着一把镰刀，顺着蜂子飞来的方向找去。在不远的地方发现了一个蜂窝，里边空空的，后边爬着一条蛇，爷爷用镰刀把它砍死了。过了一天，蜜蜂都嗡嗡地飞走了。又过了两天，孙子看见家里有很多蜂蜜，一罐罐的摆在后窗的前边。

故事主要讲述了蜜蜂为了感谢祖孙二人的救命之恩，给他们送来礼物。故事讲述了惩恶扬善、扶助弱小动物和知恩图报的主题，充满了对拯救生灵等善行的赞扬和歌颂，也是现实生活中达斡尔人弘扬向善心理的一种真实反映。在达斡尔族社会里关于狩猎生活、动植物的民间故事异常丰富，人们也热心于各种善恶报应故事的收集和传播，经过世世代代的传诵，故事所要提倡的主题思想深入人们思想意识的深层，对生活方式、行为准则有着潜移默化的影响，故事中的文化观念和集体意识逐渐形成为达斡尔民族特有的民族传统和民族精神。

第四章
萨满教的衰落与文化重构

第一节　达斡尔族先世对萨满教的信仰

　　萨满文化是人类社会普遍存在的文化现象，在世界不同地区、不同民族发展进程中都产生过深远的影响。萨满教为达斡尔族固有的宗教信仰，自古以来相沿未变。在其历史发展的不同时期，虽然受到过佛教和道教不同程度的影响，但都没有从根本上动摇达斡尔族萨满教信仰的根基，作为全民族的宗教信仰，萨满教被顽强地延续下来。直至今日萨满在农村和牧区生活的达斡尔人中仍有一定的影响力，地方上的萨满敖包祭祀仪式和萨满定期举办的法会"斡米南"仪式仍然存在。

　　据历史文献记载，在我国北方阿尔泰语系民族中，很早就留下了萨满活动的踪迹。如匈奴每遇大规模的军事行动，都有萨满活跃其中，发挥着重要的作用。萨满教作为自然形成的原始宗教，它的起源无疑要比这些记载更加久远。自古以来，萨满教影响下的北方民族多为无文字社会，建立政权形成文字记载之后的北方诸民族都逐渐放弃原有的萨满信仰，而改宗其他制度化的宗教，因此历史上没有留下系统的萨满信仰论述，对它的发展轮廓进行清晰勾勒绝非易事，如今只能依据萨满教中的一些特有现象和史书上的零星记载，对其历史进程作一大致的推断。

历史上东胡民族的后裔柔然人信仰萨满教。宗教活动由"巫"来进行。据《魏书·蠕蠕传》载：丑奴有子名祖惠，因亡失，寻之不得。有女子名"是豆浑地万"，年二十许，为"医巫"，假托神鬼，为丑奴所信，乃言"此儿今在天上，我能呼得"。丑奴欣悦，后岁仲秋，在大泽中设帐屋，斋洁七日，祈请上天。经过一夜，祖惠忽在帐屋内出现，自云常在天上。其中的"是豆浑地万"就是萨满，这是她利用自己的法力，把亡失的祖惠找了回来。从这则记载也可以窥见柔然人信仰活动的一些情况。

据《辽史·太祖纪》载：契丹每出战或遇重大事情，必以黑羊、白羊、青牛、白马、天鹅祭天，以求上天保佑；每出猎，必祭山神。《辽史·国语解》记载：辽俗好射糜鹿，每出猎，必祭其神，以祈多获。《辽史拾遗》引《燕北杂记》记载："行军不择日，用艾或马粪，于白羊琵琶骨下灸之，灸破便出行，灸不破便不出。"另外，辽代契丹人常进行泼水求雨的活动，朝廷中也举行这种典礼，称瑟瑟仪。《辽史·礼志》中载："应历十二年五月，以旱，命左右以水相沃，倾之果雨，以水沃群臣……十七年四月，射柳乞雨，复以水沃群臣。"契丹人还有这样一种习惯，为了使孩子健康与平安，不将其出示外人，并要以炱涂面，这样做的目的是使孩子免遭邪恶之害。上述习俗都与契丹人信仰的萨满教息息相关，被后来的达斡尔族不同程度地继承了下来。

故老相传，达斡尔族萨满的始祖是雅僧萨玛，今日达斡尔族的所有萨满——雅德根都是雅僧萨玛的后人及弟子。这个传说的梗概大致是这样的：

　　传说，清朝以前，有五六百年了，达斡尔族在黑龙江流域上游居住的时候，有一个婆媳俩在一起生活的家庭。媳妇的丈夫早年亡故，这个媳妇的名字称呼为"雅僧萨玛"，她经过神仙点化，成了普度众生的仙道。她的本事很大，坐上神鼓，可周游所有部落，察看哪里有妖魔鬼怪，两个肩膀上的神鸟会告诉她，怎样给部落人医病消灾。她还有死而复活的本领，通过她的神道，往返于人间和阴间，使冤死的人能够重新活过来。她有神帽、神衣、神鼓三种法器，给人治病时要边歌边舞，唱着驱魔经，跳着镇妖舞，救活了不少人命。这样，"雅僧萨玛"便成了远近闻名的神医女巫了。

　　有一天，部落的巴勒达巴彦的儿子特勒古力上山打猎，碰到一只瘸腿的梅花鹿，他用八楞箭把鹿射死，却没想到这是一只修行千年的神鹿。被射死的神鹿把这件事告到阴曹地府了，阎王就把特勒古力处死，并把灵魂给拘走了。巴勒达巴彦看到独生子死了，就求助于雅僧萨玛给予搭救。雅僧萨玛答应了他的请求，拿起念珠一掐算，知道这个孩子命不该绝，就戴上神帽，穿上神衣，拿上神鼓到阴间去了，她招回来特勒古力的魂，真的把他救活了。但是，从阴间往回走的途中，却碰上了她的亡夫，在地狱里劳动，亡夫看见妻子就哀告说："看在夫妻一场的情分上，请用你的仙道把我救活吧。"雅僧萨玛庄重地告诉他，你已经死好多年，并且尸体已腐烂了，我确实不能救活你，但亡夫死缠不放，这样纠缠不休怎么行呢？她狠心一挥手，就把丈夫丢进很深很深的黑水潭里了。

雅僧萨玛回到家里，婆婆就问她，在阴间见到你丈夫没有？她如实地告诉婆婆说，他的尸体完全腐烂，无论如何也不能复活了，我把他的灵魂打入黑水潭，以免在地狱劳动受苦。婆婆听了她这样说，就怒发冲冠，说你这个没有良心的贱人，能救活别人，不救自己的丈夫，你的心坏透了。婆婆在气恼之下，以没有忠孝节义的罪名把她告到朝廷里，然后由官府下令，把雅僧萨玛抓起来，锁到一个大铁柜里，外面又用九道铁锁链捆扎好，扔到黑龙江最底层的九泉之下，也有人说扔在很深的枯井里的，永远不让她复活出世。

但是，人世间的病魔谁去医治呢？各种灾难又谁驱除呢？在九泉之下的雅僧萨玛，死后还在关心族众的安危，她想来想去，终于想出一个办法，她把两个肩膀上的神鸟从铁柜缝里放出来并告诉他们，向所有的萨满——雅得干，传授她的医道和法力，让他们世世代代当好治病救人的好雅得干吧![1]

这就是雅僧萨玛的全部故事，达斡尔人的每个雅得干都会唱述这个故事。这个传说与满族、鄂温克族、鄂伦春族中流传的《尼山萨满》故事在人物和故事情节上都非常相似，很可能是生活地域相近的几个民族之间文化传播的结果。对于此部作品的现实意义，有学者指出：这部鬼神志怪的文学作品，看上去似乎荒诞不经，"皆张皇鬼神，称道灵异"，但它却与当时社会的现实生活紧密地联系在一起，反映了社会上存在的实际问题。[2] 上述传说的广为流传说明了在清朝政府管辖下的达斡尔族仍然普遍信仰萨满教，同时也反映了达斡尔族在与不同民族的接触交往

[1]　《吴维荣文集》，黑龙江省达斡尔族研究会编印，2007，第423页。
[2]　赵展：《满族文化与宗教研究》，辽宁民族出版社，1993，第110页。

中吸收了其他民族萨满教信仰中的有益成分，起到了丰富达斡尔族萨满教信仰的表现形式和内容的作用。

清代西清所著的《黑龙江外记》中记载了达斡尔族信仰萨满的情况："达呼尔病，必曰：'祖宗见怪！'召萨玛跳神禳之。萨玛，巫觋也。其跳神法，萨玛击太平鼓作歌，病者亲族和之，词不甚了了，尾声似曰：'耶格耶！'无分昼夜，声彻四邻。萨玛曰：'祖宗要马！'则杀马以祭。要牛，则椎牛以祭。至于骊黄，牝牡，一唯其命。往往有杀无算而病人死，家亦败者，然续有人病，无牛马犹杀山羊以祭，萨玛之命，终不敢违。"在康熙三十年（1691）的《黑龙江将军衙门档案》中也有类似的记述："索伦总管玛布岱之文，发镇守黑龙江等处将军。将军发来之文称，观索伦达呼尔等生计情形，或有渐至不堪而贫穷者，皆以有小病之人即妄杀马牛禳祭，为死人而杀牛马之故也。疾病时若杀牛只等牲畜，使病人见血，反会加剧病情，将多至人命死毙。"在古代，达斡尔人还很少患病时求医治疗的意识，对萨满的法力和驱邪治病的能力深信不疑，祈求萨满禳病成为人们治疗的重要途径。而萨满治病就是要杀牛杀马求神保佑，劳民伤财却对病情毫无医疗效果，还使很多家庭的生活境况更加艰难，一直到清末这种状况都没有得到很好的改善。

古代人们往往意识不到萨满的弊端，盲目认定疾病与灾害都是鬼神、精灵作祟的结果，荒谬地以为，只有通过萨满跳神请仙才能逢凶化吉，转危为安。在达斡尔人中，关于萨满的传说是最受欢迎的话题，他们的神奇法术被越传越神，人们都信以为真，对萨满举行的跳神仪式充满期待。萨满的神圣性正是通过民间传说，经过人们不断的渲染加工，被一步步创造出来的，萨满要做的一切就是无愧于这样的描绘。下面是两则关于萨满神奇威力的民间故事：

传说一

在海拉尔的满那莫昆住着一位叫做那孙·西都（nason shidu sa-man，绿齿巫之义）的萨满。这时布特哈的拉力浅爱里（村落）的一男子来到海拉尔劳动。因为他的头特别长，所以大家给他起了拉力浅·温都尔（lalchenundur，"拉力浅"为长头之义）的绰号。他们两人是非常要好的朋友。当时海拉尔还没有铁路，是一座寂静的小好屯（hoton，街道、城之义），去墨和尔图时要经过额木尔·阿依勒（emul ail，南村之义，即现在的南屯）的路。有一天拉力浅·温都尔赶着两辆相连的空牛车在这条路上往南赶路。他坐在前车，在后车上坐着那孙·西都萨满。为了度过这单调的草原之路，他们闲聊起来。于是那孙·西都萨满以戏弄的口气问，你的牛能拉多少人。温都尔回答说，二十人左右没问题。萨满说："那就试试看吧！"话音未落，车就不能动弹了。温都尔回头一看，后面的车轮深陷地里，车牛屈膝往前拉呢！萨满笑着说："你不是说能拉二十人吗？"温都尔点头说："我说的二十人是世间的人，不是说让翁古尔乘坐。"萨满说："啊，是吗？"一吹口哨翁古尔离去，车轮马上浮起，车子像往常一样动起来了。乘前车的人和乘后车的人面对而笑。

传说二

在布特哈的兀尔阔·阿依勒地方住着一位有名的大力士，大家称他是德·布库（de—duku，de 为这个男人名字的头音，duku 为力士之义）。他不相信雅德根的力量，也不害怕妖怪鬼神。当时在兀尔阔·阿依勒附近有树苦尔（shtkur，恶鬼之义）居住的洞。有一天德·布库喝醉了酒，戏弄这口洞。然后回家，这时他的脚突然疼痛起来,他激怒之下一瘸一拐地走到那洞口,把那条疼痛的腿放进洞里,并威胁说:"树苦尔!你快出来,我们决一胜负吧!如果不出来要堵塞洞口!"据说,这时他的腿突然不痛了。这传说中的主人公的叔父是一位雅德根,和他同住一屋。有一天傍晚,德·布库从外面回家,快要到家时突然被一头大猪袭击。平时自豪于自己奇力的他心里想"一头猪算不了什么,倒是很好的猎物",他用手捉住它,但没想到它很厉害,怎么也敌不过它。最后他飞快地拔出菜园周围的栅栏,用它们来在自己周围作一道墙,总算避免了这一场灾难。猪在黄昏中消失,这时他才有气无力地回到家。这时他的叔父笑着对他说:"怎么样,回来了?"从那以后他才知道,这头大猪是他叔父的翁古尔。后来他深深相信了雅德根的法术①。

这些传奇故事人们耳熟能详,在长时间的反复述说、口耳相传过程中,萨满的神圣形象在人们内心深处已经扎根,留下了深刻的印记。在日后的社会活动中,只要稍加鼓动,这种印记就会引致错觉并激起最活跃的反应。萨满就是在这种日复一日的重复记忆中被神化,人们聆听萨满说话,在他进行仪式时关注他的每一个举动,还经常向他请教一些问题。萨满被人们寄予厚望,同时也赋予了他巨大的力量。当时的人一旦有疫病或困难,就要延请萨满来治疗祈祷,对萨满的信赖超过对医术的信任,认定萨满无所不能,完全陷入了认识上的误区。即使在进行跳神治病过程中失败了,人们也不会怀疑萨满治疗的基本原理,往往把失败的原因归之于萨满个人能力的问题,认为找到法力高强的萨满就一定能

---

① 〔日〕大间知笃三等:《北方民族与萨满文化》,辻雄二、色音编译,中央民族大学出版社,1995,第83页。

够治愈疾病。

面对疾病的侵扰，古代的人们没有太多选择的余地，萨满或许是人们解决困难和治愈疾病的唯一希望，对于拿不出更好办法的家庭而言，萨满的承诺会让人备受鼓舞，重拾信心，带来莫大的心理安慰。自古以来无数的生灵就这样在萨满的"咚咚"鼓声中离开了人世，往生极乐。从这个角度讲，应该说萨满教在历史上曾发挥过它应有的作用。

第二节　近代萨满教的衰落

宗教作为社会生活的一种反映，它的发展与社会的发展常常是相对应的，随着社会的进步，人们认识也得到了很大的提高。早在清初天聪年间，清政府就曾三令五申禁止萨满公开活动。皇太极下令："满洲、蒙古、汉人端公道士，永不许与人家跳神拿邪，妄言祸福、蛊惑人心，若不遵者杀之，用端公、道士之家，出人赔偿。"① 但在远离政治中心的达斡尔族社会生活当中，萨满教信仰却没有受到太大的冲击，依然在人们的社会生活中发挥着重要的作用。

从历史上看，达斡尔族萨满教信仰的衰落始于清末。依当时的情况分析，造成达斡尔族萨满教信仰衰落是由内外两方面原因促成的。一方同，清朝末期，出于现实的需要，清政府实行移民放垦政策，希望通过"移民实边"的办法来解决因为巨额战争赔款造成的财政危机；另一方面，也为了防御外国列强势力的渗透，加强边疆地区与内地沟通联系，有效地维护统一的局面。政策推行的结果是大量内地汉族移民涌入东北

---

① 《清太宗实录稿本》，辽宁大学历史系印本，1978，第13页。

和内蒙古地区，促成了当地各民族混居的局面。不同民族宗教观念相互影响，对达斡尔族原有的宗教信仰观念产生了很大的冲击。19 世纪 60 年代以后，俄国、美国、德国、日本等帝国主义势力把中国的蒙古族主要聚居地区和东北地区纳入自己争夺的范围，不断在政治、经济、文化等领域加强渗透力度，形成国内外多种文化交汇碰撞的局面。频繁的民族文化交流，信息人员流动速度加快的同时，也增进了各个民族宗教信仰方面的交流，各方互相学习，以丰富自己，为达斡尔族萨满教信仰注入了新的成分，有些落伍的、跟不上形势发展需要的内容被逐渐淘汰。另一方面，在剧烈的社会变动中，达斡尔族古老氏族组织出现加速解体的景象，以血缘为纽带建立起来的氏族社会逐渐向以地缘为特征的社会组织转变。氏族社会迅速瓦解，使氏族萨满失去了赖以产生和发展的根基，从而加速了萨满教衰落的进程。从萨满教衰落的整个过程来看，起决定性作用的还是内因。近现代达斡尔族萨满教信仰的嬗变，主要是通过民族内部的动力引起的，这种变化的动力来自教育的推广普及，人们认知水平的提高，使萨满在社会影响力上逐步减弱。此外，不断建立并完善的医疗体系，使萨满最终失去了影响力，萨满教走向衰落。

清朝末年，清政府的统治已是风雨飘摇，摇摇欲坠。统治者为了挽救危局，力图通过学校教育来培养一批忠君爱国人士。骁勇善战的索伦营历来被视为军中精锐，作为维系清政府统治的重要军事政治力量，受到清政府的高度重视。根据当时的情况，在东北布特哈地区兴办八旗学堂，培养国语骑射兼擅的人才日益受到重视。光绪二十七年（1901），清政府正式发布"变法"上谕，开始在全国施行新政改革，在呼伦贝尔地区也推行了许多新政措施。其中也有文化教育方面的内容，如在学校教育中增设了自然科学方面的内容，在毗邻俄国的海拉尔地区的学校中增设俄文课程，聘请俄罗斯教师任教，注重实用性的教育，从而为达斡尔族子弟学习近代科学文化知识打开了方便之门。

辛亥革命之后，国内外局势动荡不安，激发了当地人民的民族意识，达斡尔族中的有识之士希望通过教育本民族子弟、兴办学校来达到救亡图存的目的。这种意愿付诸实践的结果，就是各种形式的官办、私立学校如雨后春笋般地建立起来，达斡尔族社会中渐渐形成了偃武修文、尊师重教的民风。据《莫力达瓦达斡尔族自治旗志》记载："民国时期，莫旗出现了一些热心民族教育的志士仁人，他们呼吁兴办教育，出资兴学，成果斐然。"① 这些学校的创办，为促进本地区的文化繁荣，提高人们的思想觉悟都起到了积极的作用。

民国七年（1918），海拉尔地区的达斡尔族青年郭道甫从北京俄文专修馆退学回家，动用自家房产资金，与富民泰等人筹资创办了呼伦贝尔私立蒙旗小学，所用课本为辛亥革命后出版的新式教材。因为学校办得很有成绩，当时有俄国、美国、日本等国客人前来参观，并拍照留念。郭道甫等为筹集学校经费，除向当地上层人士募捐外，还专程去北京基督教教会，讲述民族问题，并最终获取资助。郭道甫在《为蒙古代祷文》演讲中说道：

仆（郭道甫谦称）系呼伦贝尔之蒙古人。民国三年卒业于黑龙江省立第一中学校，民国四年升入北京外交部俄文专修馆肄业，民国六年受洗礼于中华基督教会为基督徒。是年夏桑梓变乱，家资荡然，不得已半途退学，即使在本地竭力提倡教育，乃以私资创办呼

① 铁林嘎主编《莫力达瓦达斡尔族自治旗志》，内蒙古人民出版社，1998，第156页。

伦学校。民国八年春，始得呼伦贝尔副都统署认为官立学校。仆，由俄国富商募得捐款，备置学生制服及学校应用书籍等项，学务甫见进步，孰意，是年夏秋之间瘟疫流行颇烈，蒙人死者甚多。仆之家祖舍弟亦遭天殃，乃为家务所累，未能前赴办学，学校从此停办，至今未开。[①]

文中郭道甫讲述了自己办学的初衷和经过都是出于民族自救意识，不惜动用自家资产，其兴办教育的良苦用心跃然而出。

1929 年，郭道甫取得东北当局的批准，并得到内蒙古东部各蒙旗上层人士的支持，筹建了以振兴蒙旗教育为目的的东北蒙旗师范学校。郭道甫自任校长，当时任东北保安总司令的张学良亲自担任董事长给予支持。学校聘请的教师都是当时很有声望的学者，如北京大学毕业的梁启雄（梁启超胞弟），日本留学归来的纪剑农，北京师范大学的刘壮楣、李东白、王宗洛和创建东蒙书社的作家克兴额等知名人士。开设的课程有国语、蒙文、数学物理化学、心理伦理、历史地理等 10 余种，还有课外选修的马克思主义原理、马克思主义经济学等课程。校长与教师也经常利用节假日在学校讲演蒙古问题和民族宗教问题，当时学生都颇为踊跃，学习气氛极好，是当时东北地区唯一一所培养少数民族师范人才的学校，影响深远。[②] 其中有 40 余名来自布特哈和海拉尔地区的达斡尔族青年毕业或就读于这所学校。他们远离家乡，在新式学校中接受新知识和新思想，日后回到家乡办学校，致力于推动民族教育事业的发展，为

---

① 苏日嘎拉图编著《呼伦贝尔民族教育史略》，民族出版社，2001，第 47 页。

② 仁钦莫德格：《沈阳东北蒙旗师范学校》，载于《达斡尔族研究》第 5 辑，内蒙古达斡尔学会编印，1996，第 170 页。

提高民族素质做出了积极的贡献。

为了不让有些学生因为家庭困难而辍学，资助有天赋的青年继续深造，1933 年由达斡尔族开明人士巴金保倡议，经德古来、志达图、金耀洲等筹划成立了达斡尔族"教育协助会"，协助会采取逐月从达斡尔族公职人员工薪中按照比例提取费用的办法，成立资助基金，资助布特哈地区 28 所达斡尔族小学的 3500 余名学生，沈阳、齐齐哈尔、哈尔滨、长春等地 4 所大中院校和留学日本 6 所院校的贫困学生 180 多名。[①] 这些举措的实施为推动达斡尔族教育事业发挥了积极作用。

一般来说，由于科学知识提供了各种事物发生原因的解释，所以受过教育的人不会盲目信从神灵的存在。达斡尔族教育事业的发展直接推动了文化的繁荣，也提高了人们对大自然和自我的认识能力。正是在这个时期，一批受过近代科学文化知识洗礼的知识分子，开始认识到萨满教的弊端以及萨满活动对社会的危害，出版了宣传科学知识、抨击萨满教的书刊。最有代表性的是巴格其出身的布特哈旗内务科长乌尔恭博（又名孟庆元）撰写的《萨玛论》。他本人就是巴格其出身，意识到问题后自动退出了巫医的行列，因此他的现身说教很有说服力。在《萨玛论》一书中，他对萨满的迷信活动进行了猛烈的批判，说明了萨满教的害处，是具有清除萨满教弊端想法的启蒙书籍，在当时社会上产生了很大的影响。

在《萨玛论》以后，又有许多觉醒的知识分子在自己的论著中对萨满教进行理性的批判。如何维忠在《达古尔蒙古嫩流志》中写道：

（萨满教）此系单纯蒙昧之达古尔乡间之蒙人治病方法也，其

---

① 满都尔图主编《达斡尔族百科词典》，内蒙古文化出版社，2007，第 389 页。

中病愈者，应属庆幸，及不能治者，则归命运，无可奈何是以。一般乡僻之地，对萨满甚为笃信也。此在蒙古地方者，除嫩江流域之达古尔蒙古外，有呼伦贝尔地方及东西扎鲁特、阿鲁科尔沁、巴林扎萨克图、图什业图及锦热喀拉沁等均信奉之。惟近来内地之各族，多蒙汉杂居之故，此种萨满巫已渐次消退矣。

钦同普（又名乌尔恭博，即《萨玛论》作者）在《达斡尔族志稿》中也认为：

> 萨满跳神，如将重负而荡起样。跳毕，则事了。以此法治病，病之获愈否，尚不可保。而一祭之所费已多矣。故人恒言萨满之事，滋弊多云。

孟希舜在《达斡尔族志稿初稿》中写道：

> 达族原居于边陲之区，乏于医学研究，亦无汉医治疗。每遇有病时，除请萨玛治病之外，别无良术，故专请萨玛来跳神。……虽属迷信之举，也能使病者一时安慰精神。病好后，对萨玛酬谢衣料及送祭肉或彩布等物。近来达族人民有了觉悟，对萨玛教多有不信仰者。

可以说，这些论著的出版发行，严重削弱了人们对萨满教的虔诚信仰。还有在外求学的青年学子们回到家乡后进行宣讲，告诉人们萨满的跳神是迷信，要用正确的方法祛除疾病，要相信科学、相信医生。科学知识的普及和理性精神带来的觉醒，动摇了人们心目中已经定型的萨满神圣形象，无形中加快了萨满教衰落的步伐。

新中国成立后，农区土地改革，将神像烧毁，禁止萨满进行宗教活动。对于一个以唯物主义为指导思想的执政党来说，各种宗教信仰，尤其是未被制度化的民间宗教信仰活动，被视为是深植在人们头脑中的毒瘤，是建设现代化国家发展道路上必须铲除的封建迷信。来自官方的各种工作队不断深入群众，耐心说服人们不要相信萨满教，对旧社会中从事宗教活动的萨满多加以规劝，使他们自动放弃自己的神职工作。有的萨满主动向上级部门交出了自己从事宗教活动时使用的神服及道具，有的萨满悄悄地把萨满服具藏入深山老林或埋入地下，不敢再公开进行宗教活动。据海拉尔地区斯琴挂萨满的介绍，在 1956 年的时候，她的曾祖父拉萨满已经好多年不再给人跳神治病，经过当时内蒙古社会历史调查组人员的再三恳求，才答应重穿神衣，给调查人员演示了萨满跳神的全过程，这也是拉萨满人生中最后一次跳神，当时拍下来的珍贵照片现收藏于长春萨满博物馆中。但也有人认为家中神祇是祖上遗留之物，不应随便丢弃，于是就把神龛秘密地隐藏起来，逢年过节悄悄地拿出来进行祭祀活动。这段时期的萨满教虽然受到很大的冲击，但也没有完全中断，还在民间继续以隐蔽的方式秘密地流传着。20 世纪 50 年代社会历史调查组在莫力达瓦达斡尔族自治旗进行达斡尔族社会历史调查，了解过去达斡尔族的宗教信仰时发现，老年人乃至不少中年人的宗教观念很深，还偷偷地在家里供神，只是不敢公开请雅德根跳神罢了。[①] 这说明萨满教信仰对人们思想观念的影响根深蒂固，在民间仍有很强的生命力。

近些年来，有些萨满重操旧业，在乡里开始给人看病，有时也受邀参加公共的祭祀活动，而且出现了新的萨满和巴格其等神职人员。与过

---

① 《达斡尔族社会历史调查》，内蒙古人民出版社，1986，第 265 页。

去相比，萨满教信仰也有了很大的变化，首先是过去的神器和服饰都没有被保留下来，现在萨满使用的神器都是仿制品。信仰态度也没有过去那么虔诚了，很多人对萨满的态度是"不能全信，也不能完全不信"，觉得有些事也说不清楚，老辈们传下来的东西，也不好断然予以否定。

第三节　萨满教在现代的文化重构

民族传统文化的发展与民族间的交流和互动有着密切的关系，民族文化在与外来文化的互动中所做出的有选择性的创新与组合应该是文化重构的过程。具体说是"将其中有用的内容有机地置入固有文化之中，导致了该种文化的结构重组和运作功能的革新，这种文化适应性更替就是我们说的文化重构"。文化重构属于文化人类学特殊进化论的范畴，源于美国人类学家斯图尔德的"文化适应"概念。因此文化重构始终处于不断调适的过程中，它并不是简单的大改组，而是一种有意识的动态的再生产过程。[①]

20世纪的一个重要历史标志就是信息化产业的迅速崛起，信息高速公路扩散延伸的结果带来资源与信息的全球共享，广泛的文化交流使文化趋同的全球化潮流势不可挡，世界上各种文化的差异呈日渐缩小的趋势。在这样的形势下，许多人口较少民族逐渐丧失了自己的话语权，在保护文化还是保护人的临界点上徘徊不定。近年来，这些民族的精英分子们希望通过重新建构传统文化来恢复他们的自我认同意识，恢复本民

---

① 明跃玲：《文化重构与民族传统文化的保护》，《中央民族大学学报》（哲学社会科学版）2007年第1期。

族的语言和习俗，因而也就带来全球性保护民族传统文化多样性的问题。联合国教科文组织近年来重视地方传统，在发表的《世界文化多样性宣言》中指出："各种形式的文化遗产都应当作为人类的经历和期望的见证得到保护、开发利用和代代相传，以支持各种创作和建立各种文化之间的真正对话。"[1] 从 20 世纪 70 年代开始，新的萨满教运动在美国和欧洲兴起，发行了许多印刷精美的大众化的、专门的介绍萨满教的杂志，每年还有新书问世，从学术专著到比较通俗的读物。不同的组织和个人刊登做萨满法事的广告的数量也与日俱增。所有这些都表明萨满教在当下是很有市场的。[2]

我国从 21 世纪初开始加大改革开放力度，提出建设和谐社会的治国理念。宗教的和谐发展作为社会和谐的重要一环受到来自国家层面的重视，制定了一系列宗教政策，使各种宗教的发展有了宽松的社会环境。

随着社会的发展，宗教信仰也在因为各种各样的原因复苏，我国信教群众人数呈逐年递增的态势。按照对宗教类型的划分，萨满教属于民间信仰的范畴，是宗教信仰的一个组成部分，但它与我们所说的几大世界性宗教是有所区别的。按照民族学的角度看，它属于小传统，属于非主流。从信仰人数上看，它又是不容忽视的社会存在，所以中国历史上对民间信仰大都采取弹性的管理方法，对地方上小规模的民间信仰也比较宽容，基本上是不多过问，任其自生自灭。一旦这些民间信仰通过组织形式，成为跨地区或跨行业的大型民间教团，不利于社会稳定时，再通过政治力量进行干预。目前，我国还没有民间信仰方面的成文法规和

---

① 周星主编《民俗学的历史、理论与方法》，商务印书馆，2006，第 129 页。

② 〔英〕菲奥纳·鲍伊：《宗教人类学导论》，金泽、何其敏译，中国人民大学出版社，2004，第 238 页。

相应的管理办法。

在这样的国际、国内大背景下，濒临绝迹的萨满教死灰复燃，又出现了复苏的迹象。对这一文化现象我们可以从以下两个角度来认识：一是萨满教是使宗教、文学、美术、音乐、舞蹈融为一体的综合体，承载着悠久的民族文化，是传统文化中最基础、最核心的部分。萨满教作为一个民族最有代表性的文化符号，可以用来强化民族的认同意识，易被人们接受认可。二是可以促进民族地区旅游业的发展。当两种不同文化相互碰撞时才会产生文化震撼，具有浓郁地区特色、民族特色的文化产品才能吸引人前来观光旅游，更好地刺激旅游业的发展。

一 萨满文化的传承与保护

对萨满文化的抢救和保护属于非物质文化遗产的保护范畴，《保护非物质文化遗产公约》中将"非物质文化遗产"定义为："被各社区、群体，有时是个人，视为其文化遗产组成部分的各种社会实践、观念表述、表现形式、知识、技能以及相关的工具、实物、手工艺品和文化场所。这种非物质文化遗产世代相传，在各社区和群体适应周围环境以及与自然和历史的互动中，被不断地再创造，为这些社区和群体提供认同感和持续感，从而增强对文化多样性和人类创造力的尊重。在本公约中，只考虑符合现有的国际人权文件，各社区、群体和个人之间相互尊重的需要和顺应可持续发展的非物质文化遗产。"作为民族地区的非物质文化遗产，萨满文化的传承受到了来自政府部门的重视。莫力达瓦达斡尔族自治旗的郭宝山萨满被认定为萨满文化的传承人，由政府部门给他颁发了聘书，还有按月发放的一定数额的政府津贴，所以，乡民们称他为

"有执照的雅德根"。笔者在实地调查的过程中，看到萨满们跳神治病都在很正常的状态下进行，不需遮遮掩掩，来萨满家中看病、咨询的人也络绎不绝，这为萨满带来了不菲的经济收入。他们的宗教活动并没有受到来自官方的干涉和限制，甚至因为有些民族宗教信仰活动能发挥重要的经济功能而得到政府的默许和鼓励。如2008年莫力达瓦达斡尔族自治旗举行的布特哈衙门敖包开光典礼上，就邀请斯琴挂萨满主持了祭祀仪式，这个旅游项目的开发，是由旗政府旅游局策划操办的。

现代萨满与古代的萨满跳神相比，二者还是有明显区别的。主要表现有，过去萨满是人们危难中的唯一希望，而且氏族萨满是无条件地义务地进行宗教活动，所以生活都很清贫。现在找萨满看病只是众多选择中的一种，很多人都是在医院治疗无望的情况下，抱着不妨找萨满试试的想法，在寻医问药的人当中，这种情况占很大比重。另外来访的人当中社会低收入群体和受教育程度低的人居多，治病难、药费贵已成为社会普遍关注的焦点问题，尤其在边远少数民族地区更为严重，不仅医疗资源不足，技术薄弱，而且看病极不方便，人们不得已只好把追求生命意义的希望寄托在对神灵的信仰上。由于祖上留下来的习俗，萨满在治疗过程中并不明言收取费用，都是人们自愿奉献，因此萨满的姿态很受低收入群体的认可和欢迎。并且萨满本身也都是有多年病史的患者，虽然没有受过正规的医学训练，但久病成医，对有的病症确有实效。在接受采访时，斯琴挂萨满就坦言："我只治虚症，不看实病。"这句话很有含义，我们可以这样解释它，实病主要指能在医学上得到确认，可以治疗的病症；而虚病就是指在医学上无法确认的病症，如医学上说的癔症，精神、心理疾病或其他慢性病患者，可能还包括各种神经衰弱、恐惧症、焦虑症、强迫症、抑郁症等，属于精神疾病的范畴，这些病就在萨满可治愈的范围内。斯琴挂看病过程中就很注重与病人的沟通互动，经常询问得病的原因、经过、有何种不良反应，非常详细，还经常指点人们要吃什么药，到哪里去抓药，怎样进行治疗等，整个治疗过程有时只是辅之以简单的宗教仪式。

因为治病效果很好，斯琴挂在当地已很有名气，不仅附近草原的牧民来找她看病，连蒙古国、俄罗斯等国的人也邀请她来给看病。在斯琴挂的办公室内挂满了她应邀参加各种国内、国际萨满学术研讨会时的照片。国际萨满学会主席霍帕尔曾多次采访斯琴挂，二人因此也成了很有交情的老朋友。2008年初，斯琴挂被美国萨满研究基金会授予"当代著名萨满"的称号，在荣誉证书上用中英文写着：

尊贵的斯琴挂萨满：

我谨代表萨满研究基金会董事会，十分荣幸地授予您"当代著名萨满"的称号。这一称号的授予是为了表彰您为了族人和萨满事业所做的贡献。作为一位著名的萨满，您的卓越贡献对我们的星球，乃至保持精神世界和现实世界的有机结合都至关重要。请接受我们对您的祝贺，衷心祝愿您继续在高尚的萨满事业中取得辉煌业绩。

谨此代表我最崇高的敬意和良好的祝愿！

迈克尔·哈纳博士

萨满研究基金会主席

2008年2月6日

斯琴挂已有10余年的授徒经历，所带弟子大都是久病不愈者或是家庭有各种各样困难的人。这些人都是经过介绍找到斯琴挂请求帮助，经她的指点领神成功，迄今为止已有近 10 人成为萨满或各类神职人员。其中有两个出马成为穿神衣的萨满，其他有成为巴格其的，也有成为巴列沁的。

其中最具代表性的有：沃菊芬，女，达斡尔族，1955 年生，小学文化，沃热哈拉绰古罗莫昆，内蒙古莫力达瓦达斡尔族自治旗西博荣村人。1967 年沃热哈拉绰古罗莫昆的达斡尔族人从黑龙江流域南迁到嫩江流域，在美丽的诺敏河畔安家，依博荣山建村。在定居后将近 4 个世纪的时间中，共出了九代萨满，第八代萨满贵德是沃菊芬的爷爷。

沃菊芬幼年丧父，兄弟姐妹 8 人，其中 5 人早夭。她本人 19 岁结婚，育有 3 儿 1 女。她自 20 世纪 70 年代开始闹病，各种疾病缠身，今天失明，明天失语，精神异常，被折磨得不成样子，体重不足 40 公斤，医生多次下病危通知书。她家曾是村中首批万元户，在患病的 30 多年时间里，她走遍了各地的大小医院，原本饮食店家业也都在治病过程中荡然无存。这期间又经历了丧父、丧女、儿残之痛。多重的打击与病痛的折磨，使她几乎放弃治疗。就在这时，她在海拉尔的舅舅来了，说南屯（巴彦托海镇）有个萨满老太太看病很灵，建议她去看看。于是她随其舅找到了达斡尔族萨满斯琴挂，在斯琴挂家治了半个月，感觉一天比一天好，于是拜斯琴挂为师，请她指点迷津。一个多月后，她回到了莫力达瓦达斡尔族自治旗做出马仪式的准备工作，最终成为萨满。

其他还有孟利洲、孟小瑞、敖小六等人。孟利洲长期以来一直受慢性疾病的困扰，每天意识非常糊涂，心里烦躁，经常大发雷霆，家里也大事小事不断。后来遇到斯琴挂，经点拨后知道家里有"巴格其"的根。后于 2002 年出马，成为巴格其。孟小瑞因患贲门癌身体一直不好，心情也很烦躁，经常要死要活的，家里也是祸事不断，先是丈夫病故，接着女儿喝药而死，后来经沃菊芬引荐做了斯琴挂的徒弟。敖小六因长期有病，家里老出祸事，性格非常孤僻，不愿言语，对生活比较厌倦，后来拜斯琴挂为师成为没有神服的巴列沁。①

除了以上介绍的萨满传承人情况外，莫力达瓦达斡尔族自治旗下属的各个乡镇都有当地的萨满或神职人员。如笔者在莫力达瓦达斡尔族自治旗腾克镇调查时，就听说乡里有两位萨满经常给人作法治病，因为正赶上农忙季节，二人都去地里干活，要几天之后才能回家，所以没有更好地了解到他们的情况。

莫力达瓦达斡尔族自治旗在萨满文化保护和传承方面所做的工作，得到了国内外专家学者的高度肯定。2007 年，中国文联书记处书记、国际萨满学会副主席白庚胜给上海大世界基尼斯总部写了一份推荐信，全文如下：

> 内蒙古自治区莫力达瓦达斡尔族自治旗境内新建的萨满文化博物馆及萨满巨像均属全球唯一，是国际萨满学重要展示场所及重要标证物，我及霍帕尔主席都为中国萨满学界，尤其是莫力达瓦达斡尔族自治旗干部群众为萨满文化保护、传承做出如此重大的贡献及承担而钦佩万分，这是口头与非物质遗产保护在中国东北地区的一次重要实践。我相信，莫力达瓦达斡尔族自治旗申报萨满文化博物馆及萨满铜像为基尼斯纪录不仅条件详备，而且意义重大，有助于国际萨满学者的团结、凝聚，有助于全国各地口头与非物质遗产的保护，更有助于肯定达斡尔族人民对萨满文化的创造、保护、传承做出的巨大贡献。
>
> 故，特此推荐莫力达瓦达斡尔族自治旗萨满文化博物馆及其萨

---

① 吕萍、邱时遇：《达斡尔族萨满文化传承》，辽宁民族出版社，2009，第 158 页。

满巨像为基尼斯纪录。

这封推荐信发出之后，很快就得到了上海大世界基尼斯总部的回应，同意授予莫力达瓦达斡尔族自治旗为保留萨满文化宗教仪式最多的地区，数量共计 26 种。荣誉证书上这样写道：

> 莫力达瓦达斡尔族自治旗位于内蒙古呼伦贝尔大兴安岭东麓，自古至今仍保留着萨满文化宗教仪式。其中有敖拉氏、鄂嫩氏、孟尔丁氏、吴力斯氏、苏都里氏、精奇里氏、克勒特西氏、库尔替氏、吴然氏等。
>
> 2007 年 6 月在内蒙古呼伦贝尔市莫力达瓦达斡尔族自治旗中国达斡尔民族园内建设一座高 21 米的萨满铜塑造型。

这件镶嵌在金色框架中的展品被挂在萨满文化博物馆入口的醒目之处，引来很多人驻足观看。这是对拥有久远历史的达斡尔族萨满文化传统的认可，也是对莫力达瓦达斡尔族自治旗多年来在保护和抢救传统文化方面所付出努力的一种肯定。

二　萨满文化博物馆

由莫力达瓦达斡尔族自治旗政府自主投资 1300 多万元修建的萨满文化博物馆于 2005 年 8 月正式开工建设，经过近两年时间建设，2007 年 6 月完工。萨满文化博物馆总高为 26.8 米，其中萨满铜像高 21 米，展馆建筑面积 740 平方米。该馆坐落于旗政府所在地尼尔基镇北 9 公里的中国达斡尔民族园里，是我国最大的一座萨满文化博物馆，成为莫力达瓦达斡尔族自治旗标志性建筑之一。

中国达斡尔民族园是莫力达瓦达斡尔族自治旗在文化建设中的重大项目，建于尼尔基湖北岸，周围湖光山色，风景秀丽，是我国唯一集达斡尔族历史、文化、民俗于一体的风景区。每年在这里举行的节日庆典、民族传统祭祀、文体娱乐演出、体育赛事等大型活动，吸引了很多游客前来观光旅游。自开园以来总计接待游客 60 多万人次，实现旅游总收入 500 多万元，很好地带动了当地旅游业的发展，促进了地区经济的繁荣。2007 年民族园被评选为"56 个最具有民族特色的旅游景区"和"爱国主义教育基地"，2009 年被评为国家 4A 级风景区。

坐落于博物馆上面的萨满铜像高 21 米，重 40 吨，与博物馆同时动工，由鲁迅美术学院的薛守田教授主创，历时两年完成。萨满造型设计是经过旗政府领导与艺术家们几次讨论，才最后敲定的方案，作品的主题定为"从远古走来"。跨步前进的萨满形象，身体粗犷的肌肉线条，高高扬起的萨满神鼓，仿佛在向世人诉说着人类古老的文明，从远古到现代所走过的艰难历程，艺术地再现了达斡尔族萨满文化的源远流长、博大精深。

场馆内的布展大纲也是经过反复讨论，先后提出多种方案。最后由中国社会科学院萨满文化研究专家满都尔图提出布展大纲，经过多位专家学者反复论证修改，几易其稿，最终确定展馆分为 6 个单元。第一单元，北方民族自然崇拜民俗信仰文化；第二单元，萨满文化中神偶等与民俗信仰文化；第三单元，萨满服饰与民俗信仰文化；第四单元，北方民族萨满民俗信仰仪式；第五单元，北方民族萨满文化与民间艺术；第六单元，北方民族萨满文化与民间医药。原呼伦贝尔盟博物馆馆长、民俗学家鄂·苏日台确定了布展内容，各展厅中集中展示了代表达斡尔、鄂温克、鄂伦春、蒙古、满、朝鲜、锡伯、赫哲 8 个民族萨满文化的 26 件萨满服饰及萨满神偶、神鼓、图片、文字资料等 300 余件，并以丰富的展品、生动的文字说明、大量图片资料向人们展示了北方少数民族的原生态萨满信仰文化。

这些濒临消失或损毁的文物通过实物或照片等形式被及时抢救收集起来，存放在民族博物馆中，既起到了保护作用，又能满足旅游者参观的需要，具有多重意义。前来参观的人中不仅有外地的游客，还有不少当地的达斡尔人也来观看，他们重温过去，展望未来，不啻一次感情的升华。

第四节　萨满与心理疗法

萨满从事的治疗活动也不能一概被视为封建迷信，而予以全盘否定，其中也包含着合理的、科学的因素，因此才能经过时间的无情考验而被承袭下来。正如有的学者所说："包括萨满医术在内的宗教巫术并非是各种迷信的拙劣聚集。萨满文化是一个值得去探索开发的人类文化'大陆'，它所蕴含的科学要素实际上不低于其迷信的要素。"[1]

宗教信仰也不是恒久不变的东西，在不同的历史条件下受不同群体的重新解释，会不断增加新的内容。随着社会的发展，萨满教也在发生变化。只治虚症，不看实病，与古代萨满大包大揽相比就是一大进步。据称，大多数找萨满看病的人，他们的兴趣不在于一般病理，他们关注的是为什么是我生病，而不是别人生病，萨满恰好在这种心理下满足了

---

[1]　黄强、色音：《萨满教图说》，民族出版社，2002，第 71 页。

病患者的需要。萨满的治疗手段，与时下流行的心理疗法有异曲同工之妙，二者都是针对人们的内在精神世界施加影响，祛除或减轻人的内在冲突、混乱、矛盾、无助感，从而改善患者的心理状态，解决因为情感创伤引起的各种症状。

实际上，大脑和任何疾病都有关联。人生病，大部分是与情绪、精神有关系，而不是单纯的器官出了毛病。心理学研究也显示，面对疾病你如果自信总会康复，你的身体也可能会比较健康。在事业上，如果你的整个心思是趋向胜利而不顾失败，你成功的机会亦可较高。

心理治疗是指应用心理学的理论与方法治疗心理疾病的过程，与心理刺激是相对立的。心理刺激是用语言、表情、动作给人造成精神上的打击、精神上的创伤和不良的情绪反应，心理治疗则是用语言、表情、动作和行为向患者施加心理上的影响，解决心理上的矛盾，达到治疗疾病的目的。

中国传统医学就很重视心理治疗。2000多年以前，在祖国医学论著中已有很多记载，提出不少精辟的理论观点和许多宝贵的临床经验。《黄帝内经》中指出"精神不进，志意不治，病乃不愈"，主张对患者应施加心理影响，其原则为"告之以其败，语之以其善，导之以其所便，开之以其所苦"，并认为任何治疗都应以"治神入手""治神为本"。

中国古代"治神为本"的传统医疗理念与国外盛行的精神分析方法有很多相似之处，二者都是希望通过精神状态的改善来达到治疗疾病的目的。精神分析法的传统方法是自由联想，这种方法是让患者躺在一张睡椅上，毫无戒备地谈出他想到的任何事情，医生则尽量不去打断他。这种理论认为，经过似乎是漫无目的的交谈以及对患者的梦的分析，患者将洞悉他那些引起了或正在引起痛苦的以往经历的意义。

马斯洛说，在他当临床心理学家的早期，他常常对此感到不可思议：有时医生只是问了患者的病情及个人历史，患者就报告说病情有了好转。他谈到了一个来求医的女大学生的病例。虽然这位女学生谈了一个小时，而医生却一句话也没有说，她还是十分满意地解决了她的心理问题，并对治疗医生提供的治疗感激不尽。

心理治疗家一致认为爱对精神健康十分重要。对婴儿的实验表明，生活早期失去慈爱和感情会导致严重的心理问题，甚至使婴儿夭折。患者早期生活中缺乏感情是许多严重的精神病例的原因。值得庆幸的是，现在的心理治疗家已懂得以感情和慈爱来医治患者，特别是年轻的患者。但这对绝大多数成年患者也同样有效。卓有成效的治疗使他们能给人以爱，受人之爱。[①]

萨满治病经常奏效，恰如人们常遭超自然不幸而患病一样。身体和精神之间仍有深刻的、基本上未为人所知的关系，这恰恰形成了心身疗法的主要课题。个人所经历的压抑、焦虑或其他心理压迫经常显示出引人注目的严重的身体症状，对此心理疗法比医术更有效果。同样，终日生活在死亡威胁下的人可能会产生真正的身体折磨，萨满的帮助对减轻这种病痛如精神分析一样有效。萨满治疗后人们确会大有起色，因为大多数疾病都是自生自灭的，如感冒即不治而愈，而许多其他疾病都有心身方面的起因，更能响应萨满所给的治愈感和康复感。

---

① 〔美〕弗兰克·G. 戈布尔：《第三思潮》，吕明、陈红雯译，上海译文出版社，2006，第75页。

　　萨满是最高意义上的总施法人，因为他治疗心灵的而不是肉体的失调，实际他将两者合二为一。因此，现代医疗专家是治疗一种疾病，而萨满是治疗一个病人。① 萨满治疗过程中，病人常向萨满诉说自己的、家庭的种种不幸遭遇。由于萨满特殊的身份，患者很容易把积压多年的难言之隐和盘托出。通过对萨满治疗过程的观察不难发现，求神本身变成了一个宣泄的过程，这对患者恢复心理健康是有极大帮助的。

　　萨满在治疗仪式中的表演，形式上是做到与神灵的沟通，而实质上则是实现与其信众情感、信仰的交流与互动。它能够在人们面对生活的不确定性时减缓焦虑，使患者能感觉到来自另外一个世界的支持感，求生意识在整个过程中不断得到强化，使他坚信通过萨满的治疗可以使自己痊愈，从而变得更加积极，这样的心态会对治疗起到很关键的作用。当然，萨满仪式的效果是以信以为真为条件的，否则就不会对病人的心理产生任何的影响，只会具有戏剧化的效果。

　　在台湾圣严法师所著的《拈花微笑》一书中就有一章专门介绍了在欧美流行的心理治疗方法，具体方法是这样：头两天，跟普通人的禅修一样，专心静坐，不许讲话。后三天则是分组讨论，讨论的方式是两人一组，彼此发问。5 分钟为限，由 A 发问，B 回答。题目分作 4 个，问答时由参加者自由发挥，那就是：1. 我是谁？2. 生命是什么？3. 如何获得生命的满足？4. 他人是谁？在如是循环反复地问答的情况下，便能渐渐进入真情流露和自我宣泄的状态，把积压在内心深处的不满感受倾

---

① 〔美〕罗伯特·F. 墨菲：《文化与社会人类学引论》，王卓君译，商务印书馆，2009，第 248 页。

吐出来，并且是以极度的愤怒与狂笑、猛哭等方式表现出来。经过如此的情况之后，便获得情绪的疏放，心理压力的解除；从面容上，也可以发现他们和蔼可亲，庄严安详类似菩萨的面相，跟从前那种急躁忧郁、愤世嫉俗、无可奈何的模样完全不同。①

社会快速发展的同时也带来各种各样的社会问题，现代社会中不同阶层贫富差距拉大，导致人们心理失衡。适应经济发展需要而引进的竞争机制，使人际关系趋于疏离和冷漠，也使社会上的弱势群体有朝不保夕之感，这种不安意识为宗教信仰发挥其作用提供了土壤和良机。据有关部门统计，近年来在校大学生中出现心理障碍倾向的人数占总体的20%~30%，有较严重心理障碍的占10%，有严重心理异常者占1%，而且心理不健康的人数比例有逐年上升的趋势。② 在民族地区，由于文化涵化速度过快，文化变迁速度过猛，长期历史发展过程中形成的生产生活方式在短短的几十年之间面目全非，导致很多人失去了生活的依托感，寻找不到自己在社会中的坐标、生存的价值和意义。此外，快速发展的社会也打乱了惯有的生活节奏，从而使人们更加迷茫而无所适从。由此，行为失范、酗酒、消极厌世、非正常死亡率高等社会问题接踵而至。虽然政府给予了足够多的物质帮助，但无法从根本上治愈他们精神上的创伤，人们在回忆中生活，内心充满了文化丢失所带来的失落感与空虚感。

萨满作为传统文化的集大成者，他的存在可以缓和文化冲突所造成的心理失衡问题，弥补文化断裂带来的情绪上的扰乱、精神上的冲突，

---

① 圣严法师：《拈花微笑》，上海三联书店，2006，第276页。
② 樊富珉主编《大学生心理健康教育研究》，清华大学出版社，2002，第53~55页。

帮助人们克服人生中的种种苦恼，重新建构破碎的价值体系。总而言之，萨满在为人们调节心理平衡方面能够发挥积极的作用，萨满教的某些社会功能是现代医学无法替代的，所以，短时间内还不能彻底消除其影响，这是萨满教能够继续存在的重要原因之一。

参考文献

一 著作

《辽史》，中华书局，1999。

《金史》，中华书局，1999。

《元史》，中华书局，1999。

叶隆礼：《契丹国志》，上海古籍出版社，1985。

江少虞：《宋朝事实类苑》，上海古籍出版社，1981。

张伯英等：《黑龙江志稿》，黑龙江人民出版社，1992。

方式济：《龙沙纪略》，黑龙江人民出版社，1985。

徐宗亮：《黑龙江述略（外六种）》，黑龙江人民出版社，1985。

弘昼、鄂尔泰等：《八旗满洲氏族通谱》，辽海出版社，2007。

傅乐焕：《辽史丛考》，中华书局，1984。

陈述：《契丹政治史稿》，人民出版社，1986。

陶晋生：《宋辽关系史》，中华书局，2008。

〔波斯〕拉施特主编《史集》，余大钧、周建奇译，商务印书馆，1983。

〔瑞典〕多桑：《多桑蒙古史》，冯承钧译，中华书局，1962。

〔法〕勒内·格鲁塞：《草原帝国》，黎荔等译，国际文化出版公司，2003。

〔日〕岛田正郎：《辽代社会史研究》，三和书房昭和二十七年一月版。

〔苏〕谢·弗·巴赫鲁申：《哥萨克在黑龙江上》，郝建恒、高文风译，商务印书馆，1975。

〔俄〕瓦西里耶夫：《外贝加尔的哥萨克（史纲）》，徐滨等译，商务印书馆，1977。

〔苏〕诺维科夫 - 达斡尔斯基等：《阿穆尔州地方志博物馆与方志学会论丛》（选辑），黑龙江人民出版社，1978。

〔苏〕杰烈维扬科：《黑龙江沿岸的部落》，林树山、姚凤译，吉林文史出版社，1987。

韩儒林：《穹庐集》，上海人民出版社，1982。

吕光天、古清尧：《贝加尔湖地区和黑龙江流域各民族与中原的关系》，黑龙江教育出版社，1998。

刘毅政：《中俄雅克萨战争史》，黑龙江人民出版社，1991。

中国社会科学院近代史研究所编《沙俄侵华史》，中国社会科学出版社，2007。

林干：《东胡史》，内蒙古人民出版社，2007。

达力扎布编著《蒙古史纲要》，中央民族大学出版社，2006。

张久和：《原蒙古人的历史：室韦 - 达怛研究》，高等教育出版社，1998。

吕建福：《土族史》，中国社会科学出版社，2002。

周喜峰：《清朝前期黑龙江民族研究》，中国社会科学出版社，2007。

赵越主编《古代呼伦贝尔》，内蒙古文化出版社，2004。

华灵阿：《达斡尔索伦源流考》，道光十三年。

郭克兴：《黑龙江乡土录》，民国十五年。

孟定恭：《布特哈志略》，辽海书社，民国二十年。

内蒙古少数民族社会历史调查组、中国科学院内蒙古分院历史研究所编《达斡尔、鄂温克、鄂伦春、赫哲史料摘抄（清实录）》，内蒙古人民出版社，1962。

《达斡尔族社会历史调查》，内蒙古人民出版社，1986。

《达斡尔族简史》，内蒙古人民出版社，1986。

满都尔图主编《达斡尔族百科词典》，内蒙古文化出版社，2007。

孟志东：《云南契丹后裔研究》，中国社会科学出版社，1995。

《敖拉·昌兴诗选》，塔娜、陈羽云译，内蒙古教育出版社，1992。

莫德尔图主编《达斡尔族布特哈莫日登哈拉族谱》，内蒙古文化出版社，2002。

沈斌华、高建纲：《中国达斡尔族人口》，内蒙古大学出版社，1998。

苏日嘎拉图编著《呼伦贝尔民族教育史略》，民族出版社，2001。

毛艳、毅松主编《达斡尔族—内蒙古莫力达瓦旗哈力村调查》，云南大学出版社，2004。

铁林嘎主编《莫力达瓦达斡尔族自治旗志》，内蒙古人民出版社，1998。

卡丽娜：《驯鹿鄂温克人文化研究》，辽宁民族出版社，2006。

《莫力达瓦达斡尔族自治旗概况》，民族出版社，2007。

《登科达斡尔族风情录》，中共黑龙江省富裕县委员会编印，2006。

张岱年、方克立主编《中国文化概论》，北京师范大学出版社，2004。

任继愈主编《宗教大辞典》，上海辞书出版社，1998。

林耀华主编《民族学通论》，中央民族大学出版社，1997。

林耀华主编《原始社会史》，中华书局，1984。

宋蜀华、白振声主编《民族学理论与方法》，中央民族大学出版社，1998。

宋蜀华、满都尔图主编《中国民族学五十年》，民族出版社，2004。

庄孔韶主编《人类学通论》，山西出版社，2003。

费孝通：《乡土中国》，北京出版社，2005。

李亦园：《宗教与神话》，广西师范大学出版社，2004。

陈麟书、陈霞主编《宗教学原理》，宗教文化出版社，2003。

圣严法师：《拈花微笑》，上海三联书店，2006。

周星主编《民俗学的历史、理论与方法》，商务印书馆，2006。

〔英〕马凌诺斯基：《文化论》，费孝通译，华夏出版社，2002。

〔英〕雷蒙德·弗思：《人文类型》，费孝通译，华夏出版社，2002。

〔英〕拉德克利夫·布朗：《社会人类学方法》，夏建中译，华夏出版社，2002。

〔俄〕史禄国：《北方通古斯的社会组织》，吴有刚等译，内蒙古人民出版社，1985。

〔俄〕史禄国：《满族的社会组织》，高丙中译，商务印书馆，1997。

〔美〕C. 恩伯、M. 恩伯：《文化的变异——现代文化人类学通论》，杜杉杉译，辽宁人民出版社，1988。

〔美〕基辛：《文化·社会·个人》，甘华鸣等译，辽宁人民出版社，1988。

〔法〕埃米尔·涂尔干：《社会分工论》，渠东译，三联书店，2000。

〔法〕杜尔干：《宗教生活的初级形式》，林宗锦、彭守义译，中央民族大学出版社，1999。

〔英〕埃文斯－普理查德：《原始宗教理论》，孙尚扬译，商务印书馆，2001。

〔法〕列维－布留尔：《原始思维》，丁由译，商务印书馆，1985。

〔法〕克洛德·列维－斯特劳斯：《结构人类学》，张祖建译，中国人民大学出版社，2006.

〔美〕玛丽·乔·梅多、理查德·德·卡霍：《宗教心理学》，陈麟书等译，四川人民出版社，1990。

〔美〕爱德华·萨丕尔：《语言论》，陆卓元译，商务印书馆，1985。

〔美〕罗伯特·F. 墨菲：《文化与社会人类学引论》，王卓君译，商务印书馆，2009。

〔罗〕米尔恰·伊利亚德：《神圣与世俗》，王建光译，华夏出版社，2002。

〔英〕菲奥纳·鲍伊：《宗教人类学导论》，金泽、何其敏译，中国人民大学出版社，2004。

〔美〕弗兰克·G. 戈布尔：《第三思潮》，吕明、陈红雯译，上海译文出版社，2006。

〔英〕麦克斯·缪勒：《宗教的起源与发展》，金泽译，上海人民出版社，1989。

〔苏〕图戈卢科夫：《西伯利亚埃文基人》，呼伦贝尔盟文联选编，2000。

〔蒙〕策·达赖：《蒙古萨满教简史》，中国社会科学院民族研究所编印，1978。

〔波兰〕尼斡拉兹：《西伯利亚各民族之萨满教》，中国社会科学院民族研究所编印，1978。

〔土〕阿·伊南：《萨满教今昔》，姚国民、曾宪英译，中国社会科学院民族研究所《萨满教研究》编写组，1978。

〔日〕大间知笃三等：《北方民族与萨满文化》，辻雄二、色音编译，中央民族大学出版社，1995。

凌纯声：《松花江下游的赫哲族》，中研院历史语言研究所，1934。

秋浦等：《鄂温克人原始社会形态》，中华书局，1962。

秋浦主编《萨满教研究》，上海人民出版社，1985。

吕大吉、何耀华总主编《中国各民族原始宗教资料集成》，中国社会科学出版社，1999。

吕光天：《北方民族原始宗教社会形态研究》，宁夏人民出版社，1981。

乌丙安：《神秘的萨满世界》，上海三联书店，1989。

赵展：《满族文化与宗教研究》，辽宁民族出版社，1993。

富育光：《萨满论》，辽宁人民出版社，2000。

刘小萌、定宜庄：《萨满教与东北民族》，吉林教育出版社，1990。

孟慧英：《中国北方民族萨满教》，社会科学文献出版社，2000。

孟慧英：《萨满英雄之歌——伊玛堪研究》，社会科学文献出版社，1998。

色音：《东北亚的萨满教》，中国社会科学出版社，1998。

黄强、色音：《萨满教图说》，民族出版社，2002。

郭淑云：《原始活态文化：萨满教透视》，上海人民出版社，2001。

白杉、卜伶俐：《北方少数民族萨满神话传说集》，呼伦贝尔盟少数民族古籍整理办公室编印，1995。

鄂晓楠、鄂·苏日台：《原生态民俗信仰文化》，内蒙古大学出版社，2006。

吕萍、邱时遇：《达斡尔族萨满文化传承》，民族出版社，2009。

丁石庆、赛音塔娜编著《达斡尔族萨满文化遗存调查》，民族出版社，2011。

萨敏娜、吴凤玲等：《达斡尔族斡米南文化的观察与思考——以沃菊芬的仪式为例》，民族出版社，2011。

二 论文、论文集

〔苏〕阿巴耶夫：《语言史和民族史》，李毅夫、阮西湖译，《民族问题译丛》1957 年第 12 期。

傅乐焕：《关于达呼尔的民族成分识别问题》，载中央民族学院研究部编《中国民族问题研究集刊》第 1 辑，中央民族学院研究部编，1955。

陈述主编《辽金史论文集》，辽宁人民出版社，1985。

王承礼主编《辽金契丹女真史译文集》第 1 集，吉林文史出版社，1990。

吉林民族研究所编《萨满教文化研究》第 1 辑，吉林人民出版社，1988。

吉林民族研究所编《萨满教文化研究》第 2 辑，天津古籍出版社，1990。

《达斡尔族研究》，内蒙古达斡尔族学会编印。

《达斡尔资料集》，民族出版社，1996。

《吴维荣文集》，黑龙江省达斡尔族研究会编印，2007。

何文钧、杨优臣主编《嫩水达斡尔文集》，黑龙江省达斡尔族研究会编印，2004。

亦邻真：《中国北方民族与蒙古族族源》，《内蒙古大学学报》（哲学社会科学版）1979 年 Z2 期。

巴达荣嘎：《达斡尔语、满洲语、蒙古语的关系》，《内蒙古社会科学》（汉文版）1982 年第 2 期。

巴达荣嘎：《满文对达斡尔族文化发展所起的作用》，《满族研究》1985 年第 2 期。

刘凤翥：《从契丹小字解读探达斡尔为东胡之裔》，《黑龙江民族丛刊》1982 年第 1 期。

李晓莉、吴维：《达斡尔语是契丹语的延续》，《北方论丛》1999 年第 5 期。

莫日根迪：《十五至十七世纪达斡尔族历史概述》，《内蒙古社会科学》1980 年第 1 期。

满都尔图：《略论达斡尔族的氏族制度》，《社会科学战线》1985 年第 2 期。

郭淑云：《"萨满"词源与词义考析》，《西北民族研究》（哲学社会科学版）2007 年第 1 期。

乌云格日勒：《萨满教思想与达斡尔族习俗文化》，《中国民族》2006 年第 9 期。

刘金明：《索伦部三民族关系及文化复合浅析》，《黑龙江民族丛刊》1993 年第 1 期。

黄秋迪：《俄苏学者关于西伯利亚萨满教的研究》，《西伯利亚研究》2008 年第 10 期。

滕绍箴：《达斡尔族文化教育发展的历史回顾》，《社会科学战线》1994 年第 1 期。

鄂·苏日台：《萨满（博）服饰与原始信仰比较研究》，《内蒙古社会科学》2000 年第 5 期。

明跃玲：《文化重构与民族传统文化的保护》，《中央民族大学学报》（哲学社会科学版）2007 年第 1 期。

阎耀军：《从古代龟蓍占卜到现代科学预测》，《湖北社会科学》2006 年第 3 期。

附录 1
郭宝山萨满访谈记录

    莫力达瓦达斡尔族自治旗非物质文化遗产萨满文化的传承人——郭宝山，65 岁，家住莫力达瓦达斡尔族自治旗阿尔拉镇二克浅村，整个村落只有一个小卖部，货架摆放的商品也不多，主要是烟酒糖食、日用杂货等。村里没有学校，据说以前有过小学，但村里人都愿意把孩子送到镇上或旗里的好学校读书，因解决不了生源问题，就停办了。

    2009 年 12 月，正是隆冬时节，北国大地冰冻雪飘，利用学校放寒假的时间，我特地到该村拜访了郭宝山萨满，询问和了解有关达斡尔族萨满教的情况。他被村里人称为"有执照的雅德根"（指政府颁发的萨满文化传承人聘书）。据说还有外地的人慕名请他去看病。

    我先到一个远房亲戚家里，通过亲戚 MRZ 带我走访了村里的几位文化知情人。MRZ，初中文化程度，家中最小的儿子，30 岁，达斡尔语、汉语娴熟，已经结婚，与父母生活在一起，育有一子。一天下午 MRZ 带我去郭宝山家，当时，郭宝山正在里间玩麻将，我们不便打扰，先在客厅里等候。MRZ 进去说明了来意，因为忙于玩麻将，郭宝山让我们晚上再来。

吃过晚饭，我们再次来到萨满家里，郭宝山把我们迎入里屋，灯光晦暗，时隐时现增添了几分神秘的气氛。MRZ 首先向他简要说明了我的来意，他没有立即表态，而是很缓慢地开始述说，嗓音略带沙哑，语调不急不缓。

郭宝山："我说的话你都能记住吗？"

MRZ：有录音笔录音呢，能记住！

郭宝山：我们达斡尔族这个"巴日肯"，"霍列尔·巴日肯"有 370 多年的历史。

我问：这个神治什么病？

郭宝山："霍列尔·巴日肯"什么病都能治，任何病都可以治。是"巴日肯"中最大的一个，没有比他大的神。"霍列尔·巴日肯"又叫"怀玛日·巴日肯"。"怀玛日·巴日肯"和"霍卓尔·巴日肯"[①] 是亲兄弟两个，霍列尔大，霍卓尔小。很久以前，在 260 多年前，有一个安本[②]，没有送皇上的东西，那时候人们还很贫穷，那有现在这么富裕。这个安本本身就带着这个"怀玛日·巴日肯"，有一天安本跟皇上说：我有一个这样的神，如果你把他带进皇宫放在身边，会有很大的帮助。如果按照现在的说法，就是送礼了。他把"怀玛日·巴日肯"和"霍卓尔·巴日肯"两个神都带进宫中，安置好。走的时候安本告诉皇上：供祭这些神所需祭品的种类，有牛、猪、狍子、耗猪、九只鸡、兔子，祭

---

① "霍卓尔·巴日肯"，达斡尔语中为祖先、根子之意，一般是指祖先神。

② 安本：清朝官衔的名称。

祀的供品主要包括七种有生命的动物，皇上的权限很大，连杀人都不在话下，置办这些祭品对皇上来说是轻而易举的事情。

但皇上并不是这个神灵的主人，所以神灵不听皇上的话，经常闹事儿。最后皇上被闹得受不了了，准备把神灵送出宫去。命令手下的大臣，将这个神灵送到外地，越远越好。大臣就把"怀玛日·巴日肯"和"霍卓尔·巴日肯"装在皮袋子挂在黄骠马的两侧，带出宫去。但这两个神灵还是不停地折腾，最后遭到天谴，被雷击成现在残缺不全的样子，所以，现在真正的"霍列尔·巴日肯"没有完整的，都是缺一块少一块的，有断腿、断胳膊的，还有没脖子的等等。里面也包括诸多动物，蛇、老虎、各种鸟类等，是凡动物都有，总共加起来有136个。

我问：都是一个"巴日肯"，怎么会由这么多的物件组成？

郭宝山：嗯，就是一个"巴日肯"，统辖众多有生命的动物。其中，正常人有8个，不算那些缺胳膊断腿的。有一个"莫日根"[①] 还有各种残疾形状的人，一共136个。包括蛇、龟、蛙、飞禽什么都有，野兽包括水牛、水马、野猪、龙、蜥蜴、莽盖、有首无身的怪物。莽盖就是在圆木上刻九个凹槽，称为九头妖的，这样的有两个。太多了，说的话一个晚上都说不完。

除了这个之外，外面厨房里还有7个不一样的小部分，有小桌子，其中3个河卵石，外面也有3个，一共6个石头，要说的话就太多了。

---

① 莫日根：猎手之意。

祭祀的时候，"克亦登"① 就有穿狍子皮衣的 9 个人，都是用木头制作的。还有铁制的人偶，又跟这个不一样。蓝布上绘制的 9 个人，黄布上绘制的"克亦登"也是这个数，还有用绸子做的。

MRZ：就像博物馆里陈列的那个？

郭宝山：博物馆那个白扯，里面什么都没有。他们不会制作，还以为自己摆的那个很了不起，他们那个不全。

我问：问题出在哪里？

郭宝山：博物馆里那个数量不够，我们刚才不是说一共有 136 个吗，博物馆里的也就是五六十个。

我问：现在达斡尔族村屯里还有保存 136 个的吗？

郭宝山：有啊！这个村里就有。

我问：谁家里有，给不给看哪？

MRZ：你家里就有吧？

郭宝山：我们家没有，看图纸行不行？

我说"可以"，然后他就把用硬纸片剪成的神偶模型从纸盒里拿出来，一个一个地给我们翻看。

MRZ：这个"雅德根"（萨满）不是什么人都能继承的吧？需要有什么特殊的地方？

郭宝山：哎！你们家本身就应该出（萨满）了，在你们这辈儿上应该出一个萨满。回家问你爸爸，你奶奶当年跳神有多厉害！

经过征求萨满同意，我对"霍列尔·巴日肯"的模型平铺之后进行了拍照。

_____

① 达斡尔语：主神配置的副神。

MRZ： 街里那个博物馆的不全啊？

郭宝山：不全。

我问：（博物馆）那套神是从哪里弄到的？

郭宝山：很久以前，阿尔拉一个老头给整的，"霍列尔·巴日肯"好多都是用木头制作的。没有手艺的人也做不了，过去，两个手艺人做7天才能做好。

MRZ：这个东西（神灵）一点也不信，真不行。

郭宝山：都是古代传下来的东西。

MRZ：这些神确实很灵验。

郭宝山：要不灵验谁相信呢！

我问：郭老师您是从什么时候开始给人看病的？

郭宝山：时间久了，差不多有40年了。在学校读书的时候就有预感，什么都知道。村里谁谁死都知道，不超过3天就能应验。不过，那时候年纪小，在学校当学生的时候不能随便乱讲，害怕别人知道。我在15岁那年从学校辍学回家务农，因为家里供不起了，家里没有劳动力，那时候没有劳动力从生产队分不到粮食。我15岁从学校辍学回来去生产队干活，那时候按照工分分粮食，家里人口多，兄弟姊妹多，两三个弟妹，三四个姐姐都在读书，全都读书怎么行？七八个孩子都读书，家里没人干活怎么行？兄弟里面我最大，所以，15岁那年放弃读书到生产队里干活。那时候还小，干活怎么能抵得过大人，一般人如果能挣10分，我只能得5分，只有成人的一半。

郭宝山又转向MRZ问：村里的铁心（人名）你知道吧？

MRZ：知道。

郭宝山：铁心那个现在住在伊敏①的女儿，小时候病得死去活来的，怎么能看着死人呢！那时候也就三四岁，都会走了。病得都快没气息了，我也是心软，告诉他（铁心）：铁心啊！你这孩子是因为娘娘·巴日肯闹病呢，无论如何，抓只黄色的鸡供上，求求你家的娘娘神。如果现在求，一会儿就能好。你好好说，诚心诚意地求，这样孩子的病就能好。铁心很不以为然，反而呵斥道：还有你（小孩儿）懂的事情吗？那时候他（铁心）的岳父还在世，老岳父骂他（铁心）：人家跟你不错才告诉你呢，一只鸡还算什么？说完这位老人就出去找鸡去了，拿回来杀完就给神供上，开始祈求神灵让小女孩儿快点好起来。小女孩儿当时眼睛都睁不开了，嘴都起泡，不断地喘息发高烧，祭祀完神灵，当时就下地跑了。好像我骗人一样，你说没有（指神灵的应验）就这样，这是头一次告诉别人怎么治病，也是被逼得没办法，能看着死人吗？

这以后巨勇②家的儿子——力山，也是这样病得很厉害，病了六七天之后，都起不来了，发烧越来越厉害。巨勇是我的堂弟，我跟他说：求求娘娘神吧，求了之后就会好起来。好好上香、好好跪拜，那样就会好起来。听了我的话，夫妇两人点完香，跪下来给娘娘神好好地祭拜祈求。没过多长时间，我还在他家坐着呢，这孩子起来就能玩了，就这样好了。你说没有就这样，说有也没有，不被人见到、抓到的。

尽管这样，我在 20 岁之前，从来没有给人说过得病的原因是因为这个神或那个神闹的，这事儿怎么跟外人说呢？村里人觉得关系不错，才悄悄咪咪地告诉他们。

---

① 伊敏，指呼伦贝尔市鄂温克旗的伊敏镇。
② 巨勇，都是村里的人名，为了保护被调查者的隐私，在这里都使用了化名。

以前村里东边有一个加工厂，旁边住着来勇他们家，即来华他妈家，我在加工厂磨东西，来华妈妈病得都起不来了，我边干活边担心，这个老太太要被折磨死了。不能明白这事儿，还不说出来，那样岂不是让活人变死人了！我知道这是他们家"敖雷·巴日肯"① 闹的，原因是他们家的"敖雷·巴日肯"画像破损了。可是他们家人却不知道。老人已经病得快不行了，十几天里连饭都吃不进去，最后躺着都不能动了。我利用干活的间隙，从隔墙边钻过去，进了他们家。进去之后就坐在老太太旁边抽了一根烟。问老太太："好点了吗？"老太太说："还凑合吧，怎么能好呢，身子都动不了了！"我接着老太太的话茬追问了一句："你们家有敖雷·巴日肯吗？"老太太说："有啊。""你们家那神像坏了，重新立起来的话，你这病就能好。"听完我这么说，来华妈就逼着家里的老爷子给敖雷·巴日肯上香磕头谢罪。我接着告诉他怎么向神祈求："如果让我的病好起来，就给你重新修像。跟神较劲儿，说病好了，一会儿就给你立起来，不好就不立"。如果按我说的做，一会儿就能好。那么严重的病人，当天下午就能下地走路了，来华他妈就这样好的。

后来还找我给做仪式要把神位修好，我当时年轻，社会风气也不允许，所以就没干，当时太年轻了。

我问：听说以前出萨满都要跟着老萨满学一段时间，是这样的吗？

郭宝山：嗯，是要学习。怎么说呢，我这一生也教了3个徒弟，拜师傅的时候好，像个爷爷、太爷一样地供着你，等把你的本领学到手之

---

① "敖雷·巴日肯"，山神之意，为狐仙，有画像，达斡尔人家户中几乎都有"敖雷·巴日肯"，一般是供奉在室外、仓库或特制的小庙里。

后就不理了。既然认了这个徒弟，我是这样想的，我也都 60 多岁的人了，能活多长时间，也不想把技术带走，就尽其所能教他们。既然认了徒弟，能学的尽量都学去吧！嗨！（徒弟）学差不多了，就把你一脚踢开。超过你了，理都不理了。去年春节前十几天那个样子，从叉玛格尔来了一个人，求我的时候样子非常虔诚。我也是心软，从小也是没依靠长大的，人家有难处、有困难的时候看不下去，就想伸伸手、帮帮忙。5 岁的时候父亲没了，从小看人脸色长大过来的，也愿意帮助别人。将心比心，年前无论如何都要帮他从病痛中解脱出来。后来他的病好了，头几年还好，春节也过来拜年，夏天的时候也过来看看，一来就住上十天半月的，叫我"叔叔、叔叔"，求我把技术传给他。我觉得这个人是诚心来学艺的，所以倾其所有，把知道的都告诉他了，遇到什么事情怎么做，一五一十都教他，他学完了之后就杳无音讯了。我感到有些奇怪就给他打了一个电话，他都不太情愿接听电话，跟我说："行了，你还不如我呢！我们之间以后不要来往了。"不来往就不来往吧，我年岁大了，年轻人踢开我这个绊脚石也是应该的。

我问： 现在那个人给人看病吗？走这个道吗？

郭宝山：他怎么能行啊！他想一脚踢开我，我能干吗！所以，把教给他的本领都收回来了。全部都收回来了，那么有本事的人愿意去哪儿领神都行，别从我这儿领，让他变回了黑身子（普通人）。啥也不是了，什么也不会了。他踢我，我还离不开他嘛！我也不需要他对我特别好，也不要太坏，正常关系走动就行！如果这样我也不会把仙儿收回来，就这样，他对我不好，我把玩意儿收回来了，他拿什么得瑟去呢！

还有一次，大年初二有人从街里①来接我，如果病得不重能初二就来接我吗？所以去了。病人的家属景胜不断地求我，我就跟他说："你心眼太坏。以前有一个师傅，现在也有一个师傅，是个女的。你那个女师傅也不超过四十五六岁，也是达斡尔人，你踢开女师傅之后来我这里的。"我当他的面就这样说了。他辩解说："不是那样的，我妹妹在北京，打听你已经三四年了。"我说："不是那样的。你这次来可是你妹妹扇耳光逼着你来的，这个没错。但你是背叛师傅来我这里的。我去了之后把病治好了，景胜家的女儿去的时候像疯子、精神病一样，又抽又疯，后来治好了。"

景胜的妈妈当时还在，70多岁了。让儿子叫我叔叔，给我请安磕头，要认师傅。我当时就说：不收这个徒弟，这个人太黑，太贪钱，到人家去看病要钱太多。景胜在北京的那个妹妹逼着哥哥给我磕头敬酒，我不接这杯酒，他的妹妹哭着给我跪下说：叔叔，看在我的面子上，带他两年就行。他妹妹一直哭个不停，没办法就认了这个徒弟。

过了4年，也就是去年比这个时候早点，从西旗过来人接我，家里被"霍列尔·巴日肯"折腾，想重新立起来。当时景胜也想跟着去，不经过人家同意怎么带他去，我哪有这个权利，人家主人批了，才能带他去。再说了，人家只请一位"雅德根"，谁想请两个"雅德根"呢，这个费用谁给出啊！他却执意想去，最后还是没带他。

从西旗回来之后，他就不理我了。这事儿我也没办法，他去了手头不拿点钱也不满意，我得的那份儿分给他一部分，也不是那么回事儿。从那以后不走动了，电话也不打了，又没音讯了。

———

① 街里：指莫力达瓦旗尼尔基镇。

今年冬天我给他打电话说："景胜，你可真有良心啊！不要过分得瑟，得瑟大劲儿了，我把东西收回来，让你变回黑身子。我看你年轻，有前途，才没把东西弄没了。再说达斡尔人里这样的人不多，要多几个的话，当时我就把你的"翁果尔"抽回来了。"达斡尔人里这样的人真的少了，有是有，库腾①有两个，都是中途半道的，上下够不着，伺候不了大的神灵，小的还行，如娘娘·巴日肯、敖雷·巴日肯等。行是行，但做起来也不太利索、不彻底。有时候能治好，有时候也治不好。就像现在的赤脚医生，小毛小病的还行，重感冒就治不好了，本事达不到那个程度，轻感冒还能试试，如果简单打比方就是这个样子。

MRZ：汉族人也有一句老话叫：一日为师，终身为父。这些人怎么能这样呢！

郭宝山：认景胜做徒弟之后半个月去了趟街里，碰到一个朋友，跟我不错的，跟景胜还有亲戚关系，景胜应该管他叫叔伯叔叔。这个人跟我说：哥哥呀！这个景胜你怎么还收他当徒弟了呢？现在他在家里牛逼呢，走上"雅德根"这条道之后，计划着跟病人收多少多少钱，然后买门市房、楼房。俗话说"没出生的牛犊买什么笼头"，当"雅德根"的本事还没学好，是不是真会给人看病都不知道，就打算买门市房、楼房了。

MRZ：你说的话真是不假，这个人够黑的。

郭宝山：挺黑的，一个门市房多少钱哪？最少也要几十万块钱，一栋楼房也需要20万元，真不是一般的黑。

MRZ：这个人今年多大了？

郭宝山：今年四十三四岁了。

---

① 库腾：地名，莫力达瓦旗下属的一个乡镇，因为涉及人身名誉，故采用化名。

MRZ：萨满穿的衣服叫什么来着？"萨玛希克"，现在怎么见不到了？

郭宝山：真正的哪有了，博物馆里挂的那些都不完整，铜铃也没有，贝壳也没有。萨满神服上挂的铜铃一共应该是 99 个，都在上半身，从胸口一直到袖口。现在博物馆里的萨满服上什么也没有。萨满铜镜也是放的很低，护着下档干什么？铜镜主要是为了防护心脏、后背的。

我问：那些铜镜起什么作用？为什么要放在这个部位？

郭宝山：主要是为了防护心脏，现在说的话就相当于"护身衣"一样。

我问：萨满治病的时候也要跟那些妖魔鬼怪打斗，为了防护身体吗？

郭宝山：就是，除了这个之外，也为了防备其他的萨满。以前，萨满跟萨满之间都是死对头。也就是现在，大家都消停了，你自己怎么做都行，我不惹你，你也不要来惹我。以前两个萨满斗法，其他萨满来村里跳神的时候都回不去，坐着就可以杀死他，这样死的人很多。坐在这里人都不用去，让"翁果尔"① 飞过去打击他，是"翁果尔"跟"翁果尔"之间斗法，为了防护所以带铜镜。

我问：铜铃有什么用？

郭宝山：这些都是用来保护身体的，包括帽子等都是用来保护身体的，达斡尔族萨满神帽上没有飞鸟。

我问：哪些民族的有飞鸟？

郭宝山：你不看书上写的，布里亚特蒙古人有这样的飞鸟。你看现在书上写的：肩上的鸟，鸟起通报作用。这些东西可不是鸟告诉的，书上写的都瞎掰的，都以为自己是了不起的萨满呢。现在街里顶柱他姐姐

---

① "翁果尔"，达斡尔语，指萨满附体的精灵。

家里有一件这样的服装。

MRZ：他们是自己做的吗？

郭宝山：什么自己做的，她的那个师傅不是齐齐哈尔达斡尔萨满吗？

MRZ：师傅把神衣传给徒弟了吧？

郭宝山：能白给吗？给做一件萨满神衣至少要好几万，是想你吗，是想你的钱呢！不值钱的东西给你了，你走上了这条道只能要吧。坐那儿忽悠你一圈，没这个东西不行，萨满应该有这样的神衣保护身体。既然认师傅了能不听师傅的话吗！3 万也是它，5 万也是它。用那个破衣服来骗你的钱财。那东西啥也不是，都是用布制作的，按照老规矩，传统达斡尔族萨满服都是用皮制作的，有用牛皮的。他那个连帆布都不是，是用布做的。

我问：萨满服上有很多铜铃，还有金属饰物，这么沉的东西穿上怎么跳神啊？

郭宝山：一般人抬都抬不起来，至少七八十斤，有那个仙儿才能跳，主要是借助"翁果尔"的力量。

我问：跳神也需要训练吧？

郭宝山：情况是这样，萨满们集聚起来几年跳一次，达斡尔语叫"托若·托勒贝"。以前，在庭院里埋上枝叶清脆、有生命力的树，立好神树，然后围着神树跳神，连做 3 天 3 夜。萨满之间相互邀请，他跳的时候你去，你跳的时候他也会来。就像现在的互相捧场。

我问：为什么几年才跳一次？

郭宝山：主要是为了提高技艺，相互学习。

我问：制作萨满服的工艺很复杂，还需要经过很多人的手才能完成是怎么回事？

　　郭宝山：你问这个为什么，这样说吧。祭祀"霍列尔·巴日肯"的时候，光唱的萨满伊若^①就有 99 首，这么多的神歌一个人唱不过来，一天一宿的时间。因此，制作萨满神服的时候，就没让一个人作，很多人都来参与，人多手快，就这个意思。

　　我问：这么多年来给人治病，有没有碰到比较棘手、治不好的疾病？

　　郭宝山：没有没有，这种事情没碰到，治疗过程都比较顺利。怎么说呢，人到病除，这样说给人感觉有点夸张了。

　　郭宝山对着 MRZ 继续说：说这事儿，你三哥知道，他跑出租的时候，去年春节吧，雅图卫离这里 6 里地，除夕的时候来电话，当时还下着小雪，大概晚上 8 点多的时候吧。打电话的人问："您在家吗？"我当时吓了一跳，急忙问，你谁啊？对方回答：我是雅图卫的，家里人半身不遂了。我很生气跟他说，半身不遂了应该去医院吧，对半身不遂萨满没办法，这个谁也不会。那人却说，您在家就行了。说完就把电话给撂了。我也以为没事儿，松了一口气。前面一条街有一个从雅图卫搬过来的，那时候你（MRZ）三哥还有出租车。过了一会儿，两个人开着出租车来到了院子里。两个人进屋之后，就直接拿起我的衣服，"嘻嘻"笑着，连拉带拽的把我弄到车上。我赶紧跟他们说，半身不遂的病人我不去。说什么也不管，拉着我就走了，车都开了也只能去了。我跟他们两个说，进屋之后，谁也不要说话，一会儿那个病人就会出去方便。司机说："你成神仙了，连人家尿尿都知道？"我说，不到 10 点那人就会出去，不信的话现在就看表。因为正赶上节日，我们到的时候，人家给炒了十几个菜，让我们上桌。满满一屋

---

　　①　伊若：萨满神歌，根据所请神灵的不同，所唱的神调也不一样。

子人，很多人都认识我，不断有人过来给我请安行礼。不停地打探道："乌塔其"① 这个病人能不能好，只有你知道了。我进屋先没理那个病人，看见病人脸部变形，眼、嘴都斜歪了，一边的手脚都不听使唤了，穿着线衣线裤直挺挺地躺在那里，两边坐着人不断地给他擦拭嘴里流下来的涎沫。我当时就写了一个符咒给他们，烧掉之后放在水碗里让病人喝下去。坐着说了一会儿话，菜都端上来了。这个时候病人问："都有什么菜?"我问："想吃了?"病人："很想吃点东西。"我给旁边的人说："少给他吃点，吃多了过一会儿就会吐。"吃完真的吐了，消化不了，都吐出来了。时间过的很快，一转眼就要到 10 点了。病人起来表示要去方便一下。我跟旁边的人说："出去的时候，给他穿好衣服，搀着他的两腋。回来的时候不用管，他自己就会走进来。"过了一会儿，病人没用搀扶，自己走进来的时候，大家都睁大眼睛用非常惊讶的眼神看着我。就这样病人没事儿了。

临走，病者的家人问我："什么时候还治疗?"我说："春节期间就不要治了，过完十五再治就行。"正月初三的时候，病人带着女儿来给我拜年。哪是什么半身不遂，就是被神灵闹的。

MRZ：因为不相信这个，把孩子弄死的也有。

郭宝山：有很多。

我问：以前治病的时候，萨满之间的斗法是怎样的情况?

郭宝山：不说外人，卫通的叔叔不就是到开阔浅治病这么死的。

我问：为什么萨满自己也会死呢?

郭宝山：他带的"翁果尔"法力没那么强。比方说给病人指路、

---

① "乌塔其"：达斡尔语，老爷子之意。

看病是我先看的，指出了是什么"巴日肯"的原因，告诉对方要怎样治才好。等到要治的时候，却找了另外一个萨满治，我能满意吗？让我看了之后，治病的时候却找别人，我能老实地待着、袖手旁观吗？我不是刚才说了吗，萨满之间斗法的事儿。卫通的叔叔就是在外面用鸡给人做祭祀仪式的时候被做了手脚，就那么死的。当场就倒地不起，口鼻喘血而亡。病人的家里给萨满料理了后事，准备了棺材和烧纸钱。如果不承办后事，萨满的家属也不干呢！不是被你家请之后，死掉的吗！

MRZ：干这行也要担风险啊！

郭宝山：何止是风险，这个领一般"翁果尔"的人，到有大"巴日肯"的家庭治不了。这个大"巴日肯"会在暗中就能置你于死地，萨满的功力没那么深，人家的"巴日肯"功力比你还强，轻轻碰你一下，你都受不了，自己就受了内伤，就这样罹难而死的人也很多。你刚才照相那个"霍列尔·巴日肯"就是"巴日肯"之中最大的一个，没有超过这个的。他想怎么整治你就怎么整治。如果萨满依照治敖雷·巴日肯、娘娘·巴日肯的法力来治霍列尔·巴日肯，人家能干吗？就像一个小孩子跑过来，跟我指手画脚的，我能让吗？简单打比方就是这样。

有些精神错乱的人请萨满过去治病，附在病人身上的精灵鬼怪知道这个萨满行不行，不用说一句话，一看就知道，精神错乱的人也是因为有玩意儿①才变疯的。知道了萨满的来路之后，就开始破口大骂："就你这个狗德行，还来这儿治我？"把请来的萨满骂的狗血喷头才罢休。被

---

① 指代作崇的精灵。

这样骂的萨满，干脆治不了。本来也斗不过，如果能斗过的话，病人就不吱声了，还点头哈腰地给你献礼，点烟敬酒、沏茶倒水的。压不住的话病人就会骂你，这事儿就是这样的蹊跷，很难说清楚。

反正这事儿吧，也不要往死里了相信，但是不相信的话，也还是有。

不说别的，今年夏天，大概在中旬那个样子，亦勤的女儿突然肚子疼，疼得站都站不住，大汗淋漓的，额头上黄豆粒一样大的汗珠滚下来，浑身四肢抽搐，头也跟着来回晃动，人都抓不住她，抓得越紧摇得越厉害，躺下之后还颤抖不止。亦勤从街里打过来电话："哥呀！我女儿闹腾半天了，头晃得都不知道有多累呢，这怎么办才好？"我跟他说："这个是被敖雷·巴日肯闹呢，好好求求敖雷·巴日肯就能好。亦勤说："真要那样，我让人去接你。"说完就把电话给挂断了。过了不大一会儿，一个人驾着摩托车过来了，非要拉我过去。去了一看，亦勤的女儿真是那样不断抖索着躺在那里，噔噔地颤抖不止，身子也跟着抖，肚根处还是感觉非常疼。去了之后，我写了符咒书给她喝了，喝了之后，用酒给她做了"塔仁密"①，当时就好了。

MRZ：这个也是"敖雷·巴日肯"坏了？

郭宝山：没坏。是这个孩子站在神龛前面撒尿了，对着"敖雷·巴日肯"。撒尿的地方多了，对着巴日肯撒尿干什么！

我问："敖雷·巴日肯"一般放在什么地方？

郭宝山：一般在仓房里，也有放在自己小庙里的。

MRZ：就是小菜园里那个小房子？

郭宝山：就是，以前都那样。

---

①　就是指萨满口含酒或圣水猛力喷在病人的伤痛、病患处，认为这样就能好。

195

我问：伪满时期，日本人不相信达斡尔人的萨满，就请萨满们在烧红的木炭上跳神。有这样的传说故事，是真的吗？

郭宝山：这不是传说，是真事儿。讷谟尔地区的达斡尔族萨满被请去，脚上穿着烧红的铁犁杖，在火上跳，最后没事儿。这些都是神灵保佑的结果，从那以后日本人也服了，不再过问达斡尔人萨满跳神的事儿了。

MRZ：这些东西都历史悠久，时间长了。

郭宝山：恭元你知道吧，他不就把他儿子活活给逼死了吗？我给弄了之后，好了几天。后来，恭元卖了自家的奶牛，领那个有病的孩子去了讷河，因为神鬼闹的病去讷河医院治疗，能好吗？快不行了，拉回来的，回来当天晚上就死了。

那个孩子罹病的原因是在野外烧鼬鼠玩儿，活着烧的。你烧了一个，别的能放过你吗？能不报复吗？道理就这样。我知道原因后跟恭元说：你们杀几只鸡，给那些外面的赔礼道歉，就能好。可是他不相信我说的话，把一头牛卖了700元，然后拉儿子去了讷河，700块钱住院能住几天啊？当时那孩子只有22岁，就这样把这孩子给弄死了。20多岁的人能有什么病，都是鼬鼠给闹的。这小伙子在野外放牧，看一个树根地方有鼬鼠洞，在树根的东西两面都有洞口，他就在一边洞口下套子，然后在一边洞口烧火，往洞里扇风，把烟往洞里送。那些鼬鼠在里面被呛得吱吱乱叫，想从那边洞口窜出去，还有套子堵着，结果这些鼬鼠活活被憋死了。回来之后，那孩子就像精神不正常的人一样，一会儿哭一会儿笑，像鼬鼠似的蹦蹦跳跳的，这不是被闹的还能是什么？这是去住院的病吗？就这么给死掉了。

古代，再好的猎人都不敢打狐狸，这些都是有灵性的动物。修炼

300 多年以上的会白一半，从白过渡到黑的，全黑的那个最厉害。别说 300 年的，30 年的你碰了也很麻烦。有些刚出道的莫日根①不知道深浅，打这些狐狸，回来之后，不是得病就是家里出事儿。

我问：萨满下神时都要唱神歌，能不能给我们唱一段？

郭宝山：这个平常没事儿唱这个不太好，有事儿了，给人看病的时候才唱。

MRZ：那些萨满唱的"伊若"有些怎么听不懂呢？

郭宝山：有什么听不懂的，都是平常说的话，只不过是加了曲调。有些就是过去老旧的达斡尔语，里面有些平常不太用的词汇。

MRZ：达斡尔语丢失的也很多吧？现在我们不知道的达斡尔语也有很多。

郭宝山：现在都简化了，有些词汇都不用了，但萨满神歌里有时还用。

郭宝山：你是怎么知道我的？从哪里知道的？

我说：在网络上，非物质文化遗产传承人名录中有您的名字，莫旗的萨满文化传承人写的就是您。

郭宝山：呼伦贝尔市文化局来过几次信，要给他们写材料，我都没有写。信里让我把萨满仪式过程拍下来刻录成光盘，把萨满仪式过程完整地录制下来，这个可能要花很多的钱。

我说：这个很珍贵，会的人已经不多了，应该受到重视和保护。今天打扰了您很长时间，非常感谢！以后有机会再来向您请教。

郭宝山：没事儿，有什么不明白的再来问吧。

---

① 莫日根：这里主要指猎人，通常也用来泛指能力超群的人。

附录 2
郭宝山萨满的驱邪仪式

2012 年 10 月 19 日下午，为了深入调查郭宝山萨满的宗教仪式，我再次来到莫力达瓦达斡尔族自治旗阿尔拉镇二克浅村郭宝山萨满的家里。当时郭宝山不在家，进去的时候，已经有两个人坐在那里，等着找萨满看病。家里人告诉我们，郭宝山出去串门了，要过一会儿才会回来。我利用间隙跟那两个求医者攀谈起来，了解了一些情况。两个人是一个地方的，来自距离该村以北 100 里之外的库如奇镇，因为生活不顺遂，常常感觉自己身体不适，想找萨满问问原因。他两人，一位 52 岁，女性，没有职业；另一位 40 岁，男性，有工作。男患者来找萨满的原因是晚上睡不着觉，身体虚弱，吃了很多药也不见好。女的也是经常有病，但不知道确切的病因，身体不适，住院吃药也没太大的效果。

过了一会儿，郭宝山萨满回来了。他进屋的时候，大家都站起来致意。他请大家坐下，然后挨着南窗户坐下，开始询问大家的来意。

我首先跟他说:"我以前也来找过您,这次来主要是想了解达斡尔族供祭神灵的情况。"

他对我还留有印象,

郭宝山:是几年前 MRZ 领来的学生吧!

我说:对,谢谢您还能记得我。

然后开始我们之间的谈话。

郭宝山:达斡尔族最大的神是"霍列尔·巴日肯"。

我问:遇到什么事情,得什么病,求"霍列尔·巴日肯"?

郭宝山:一般突如其来的病,比如说突然左右翻滚,症状比较严重的。还有出萨满的时候,就求这个"巴日肯"。

我问:小孩儿病的话,要找哪些神?

郭宝山:这些病跟"霍列尔·巴日肯"没关系,小孩儿有病大多数都是"娘娘·巴日肯",还有一小部分是因为"敖雷·巴日肯"。找娘娘神的最多。

我问:什么情况下求"霍卓尔·巴日肯"?

郭宝山:比如家族里要出萨满了。还有从外面请来的萨满,到家之后治不了,这时候就由家里人祈求"霍卓尔·巴日肯",暗中祷告就可以,说明找萨满来家里治病的原因,请祖先神原谅,不要为难这些外边的萨满,如此这般之后外来的萨满就可以看病了。

我问:达斡尔族除了上面几种神灵之外,还有什么神灵?

郭宝山:有霍卓尔、怀玛日查①、团格勒·巴日肯。

---

① 怀玛日查:为"怀玛日·巴日肯"的尊称。其中"查"音为达斡尔语"阿查"的简化,原义为父亲。

我问："团格勒·巴日肯"我是头一次听说，能不能简单介绍一下这个神的来历和作用？

郭宝山："团格勒·巴日肯"就是跟着媳妇来的神，从娘家带来的，神位供在外面厨房里。还有"吉雅其·巴日肯"、"白纳查·巴日肯"、"敖雷·巴日肯"、"娘娘·巴日肯"等。

我问：我听说还有"博果勒·巴日肯"？

郭宝山：有啊！还有"夸仁·巴日肯"、"哈勒格·巴日肯"，就是守卫大门的神。

我问：这个神放在哪里？

郭宝山：放在庭院里。说起来很多，有十几个吧。

我问：我所看到的达斡尔族家庭里怎么没有那么多的神呢？大概只有两三种神灵。

郭宝山：这个就不好说了，但一般家里"敖雷·巴日肯"和"娘娘·巴日肯"必须要有，有些家里还要有"怀玛日·巴日肯"，都有固定的神龛位置，"敖雷·巴日肯"一般在仓房里，"娘娘·巴日肯"在屋里。

我问：达斡尔族每个氏族供奉神灵都不一样吧？

郭宝山：都不一样，神灵的作用不一样，神灵数也不一样，每个村屯供奉的神灵也都不太一样。

我问：您最近没出去给人看病吗？

郭宝山：来人找了就去。

郭宝山夫人：人不断，常事儿。

郭宝山：有时候有人来，有的时候几天都没人来找，不太固定。

这时来看病的妇女插话说：我身体最近老是不舒服，先给我看看吧。

说着给郭宝山递上一根烟。郭宝山说："我现在不抽。"这个女患者就把烟收好放在衣服口袋里，然后坐过来。郭宝山仔细端详她，看了一会儿开始说话。

郭宝山：您头疼吧，晚上睡眠怎么样？

女患者：嗯，有时候好点，有时候就严重了，病的时候头变得死沉，这样不舒服很长时间了，也找不到什么确切的病因。

郭宝山：总这么病的话谁能受得了。有一个人（指人死后的灵魂）老跟着你。

女患者：什么人老跟着我？

郭宝山：一个女的。

女患者：长什么样的女人？

郭宝山：挺漂亮，眼睛挺大的，身子比你高点。

女患者：可能是我妈妈。有时候头疼的厉害，脑子变得稀里糊涂的，打麻将的时候连和的牌都能忘记。这个怎么治才好呢？

郭宝山：这个不是治的东西，只有通过祈求驱赶附体的亡魂才能好。

女患者：今晚行不行？

郭宝山：今晚不行，什么都没准备，突然做是做不成的。

女患者：都需要准备哪些东西？

郭宝山：3只活公鸡，什么颜色的都可以，2尺黑布。我看看你的手。

女患者侧过身子伸出左手，看完左手又看右手，捏了捏，手心手背都仔细看了一遍之后，郭宝山说：（作祟的亡魂）从来没离开过你的身体，贴上了。

郭宝山萨满每说完一句话，中间都要间隔一段时间，沉默一会儿之后才再继续讲话。音调也很低沉。

郭宝山：你这病时间长了。

女患者：准备好鸡、布作法事之后就能好吗？

郭宝山：能好。

女患者：这个不是"巴日肯"闹的吗？

郭宝山：不是，不是"巴日肯"，是死人的灵魂进入了你的身体里。驱赶送走之后，你身体就轻松了。

女患者：我自己坐着都觉得累。

郭宝山：你感觉双肩上有什么东西压着一样，肩膀发麻。

女患者：有点酸。

这时同来的男患者坐到郭宝山萨满的旁边请求问断。郭宝山看了一会儿，让他把手伸过来，仔细地端详。这时太阳落山，屋里光线变得阴暗。郭宝山起身打开电灯。然后坐回来问：你这病多长时间了？

男患者：差不多两三年了吧，最近一阵儿一阵儿的，昨晚睡得挺好。

郭宝山：你开过车吧？

男患者：嗯，开过。

郭宝山：你的车出过事儿吗？

男患者：在我手上没出过事儿。车有一次从桥上掉下去过，还是在买这车以前发生的事儿，我买的时候还不知道，是别人告诉我的。有一次确实差点出事儿，刹车什么的也不好使，没注意就差点出事儿了，有这事儿。

郭宝山：当时没害怕吗？

男患者：确实有一次，到这边来送煤，开得有点快，踩刹车也没刹住。正好对面过来一辆客车，差点撞上，当时特别紧张。

郭宝山：那你是害怕了？

男患者：对。

郭宝山：我为什么这样问你，这都是因为车引起的，受到惊吓了，所以睡不着觉。按照以前的说法，就是心血浮动镇不住心神了。这个病吃药的话马上就能好，主要是心脏的原因。

男患者：我这腰也老疼，蹲一会儿，大概十几分钟就受不了了。

郭宝山：查了（医院）没有？

男患者：查过，也查不出啥毛病。做过 CT 也没看出啥毛病。中医也看过，说这个是肾虚引起的毛病。

郭宝山：肾虚不是这个症状。你走路没事儿吧？

男患者：走路没事儿。

郭宝山：肾虚都是假话，如果真是肾虚，都懒得起来走路了，肾快没功能了都懒得起来。你现在起来走路不是没事儿吗？

沉默了一会儿，郭宝山说：你们家有东西（神灵）啊！

男患者：这个我不知道，可能是没有吧！前一段时间，我妈在家里立了保家仙。去年整的，我对这些也不太明白。

女患者插话：画的还是写的？

男患者：写的。

女患者：那个是汉族人的保家仙。

郭宝山：这个就相当于达斡尔人的"敖雷·巴日肯"，放在外面。汉族的保家仙对达斡尔人家不起保护作用，你们以为立了仙儿，其实一点作用都没有，有时候还起反作用。为什么呢？达斡尔人自古以来都是画成神像供着，现在突然写上"狐仙三太爷"什么的贴上，能当什么事儿。

女患者：他找不到那个位置。再说，他从古到今也没上过学，字也不认识。

男患者：以前从来不相信这个，自从有了这些毛病之后，我妈也操心我的事儿，所以才开始找人看。

郭宝山：谁知道了，以前你的爷爷在阿尔拉的时候，你们家里这些"巴日肯"都有，你爷爷其实是阿尔拉的老户。

男患者：是，我爸爸对这个不太信，所以从小我们没怎么见过。

郭宝山：我对你们家族的事儿非常清楚，还有点亲戚关系。你不知道的事儿，我都知道。你大爷比我大 1 岁，今年 70 岁，你大娘跟我同岁，是我姑表姐。

男患者：这腰病能治好吗？

郭宝山：先治受惊吓的毛病，再看腰。

我问：达斡尔人怎么招魂？

郭宝山：一个人的招法一个样，方式方法都不太一样。

郭宝山萨满想了一会儿，让男患者转过身去，背对着自己坐在椅子上。然后自己脱掉外面穿的皮夹克，穿着衬衣，让男患者也脱掉外衣。隔着衬衣在患者背上从上到下开始按摩，然后拍打，再抚摩，长长地吸了一口气，对着患者的背部开始缓缓地吹气，接着又开始拍打了一边，力道也不是很大。然后让男患者起身哈腰，试试感觉。

男患者：好像有点轻松了。

郭宝山示意他坐在刚才的位置上，开始拍打他的双肩，然后依着肩头顺势向下一直抚摩到腰带的地方，用力按压腰肾的部位，然后让患者起身哈腰扭动腰肢。

郭宝山又让患者坐下，开始重复刚才的动作，当手抚摩到腰椎的部位，双手仿佛抓起什么东西的样子，虚空向地面抛下，如此反复做了几次。然后让患者起身走动，问：感觉如何？

男患者：嗯，差不多了。

郭宝山示意他坐到一边穿上外衣，让另一位女患者坐到刚才男患者的位置上，开始重复刚才的动作。然后问站起来的女患者：感觉怎么样？

女患者：好像可以了。

郭宝山：好了就说好了，不要说可以了。

女患者：好像不疼了。

郭宝山：不要说好像，就说不疼了。好了就是好了，没好就是没好，不要说模棱两可的话。

然后又让女患者坐下，开始拍打、按摩，然后问患者：感觉怎么样？

女患者：好了。

这个时候女患者开始打嗝。

郭宝山笑指女患者说：行了，开始打嗝了。治病跟说话（心理）也有很大的关系。你配合，我配合，这样就能治好。

郭宝山穿好衣服，对女患者说：有点冷，穿上外衣吧。

女患者不停地打嗝，旁边男患者笑着说：有反应了！

女患者：如果你明天晚上没事儿的话，我们准备好东西过来吧？

郭宝山：没事儿。

女患者：那我们明晚过来？

这时郭宝山没有立即说话，从兜里掏出一盒烟，抽出一根点上，缓缓地吐出烟圈，然后开始问其他的事情。

过了一会儿，男患者问：我这个要不要做叫魂仪式？

郭宝山：不用。

然后起身从抽屉里取出一沓便签纸，还有一个用塑料布包裹的瓷瓶，坐在桌子上，用笔在便签纸上写了几行符咒文，写完把纸折叠起来，用打火机点着，等符纸烧成灰烬，将纸灰放在白纸上，又从瓷瓶里倒出红色的粉状物体（朱砂），与纸灰放在一起搅拌，拿起一杯水让男患者冲服下去。

郭宝山：这里面有朱砂，喝下去就没事儿了，这个对惊吓绝对好使。

男患者：现在朱砂不好买吧？

郭宝山：好买，挺贵的，好的一钱要十七八块钱，就那么一丁点儿。有些被黄皮子闹的，给他喝朱砂就没事儿了。黄皮子能让正常人神经错乱，疯疯癫癫的。有些被闹的，连自己的孩子都打。清醒过来之后才明白，犯病的时候把孩子撕碎了都不知道。

我问：现在达斡尔人家庭里供的神灵越来越少了，对这样的发展趋势您是怎么看的？

郭宝山：这不是啥好事儿，神灵少了，生活就会变复杂，各种毛病都出来了。都是从祖宗那里传下来的，现在一下子全都没了。

我问：立的那些神灵都有作用吗？

郭宝山：当然有作用了，不说别的，娘娘神就是保佑家里的孩子，保佑孩子生命和身体健康的，还保佑孩子免遭他人的伤害，这是娘娘神的作用。"敖雷·巴日肯"可以护佑家人出门在外之时的平安，帮助免受灾难；也能让家庭粮食丰产，食物充足；搞副业的话，也能变得红火起来。每个神都有具体的作用。古代的老人是不明白才立这些神位的吗？那时候人都傻呀？（反问句）

女患者：神灵立起来之后，伺候不了，什么什么都不懂，也是很难办的事儿。

郭宝山：达斡尔人的神不像汉人的神，不用初一、十五那样的按时供祭，达斡尔人的神最简单。一年只要供两次，八月十五（阴历）需要放东西，除夕夜要上供，就这两次。八月十五的时候摆上酒、糕点，上香念叨几句就可以，过年的时候也差不多。如果成惯例了，以后也要坚持在某个特定日子搞祭祀，要不然神会怪罪。

我问：达斡尔族过去每年除夕夜都要祭天、祭北斗七星，这个是为什么？

郭宝山：腾格里、七星是人间的事儿都管，全都保佑。所以，到晚上点七根香向北斗七星祭拜、磕头。

我问：达斡尔族供奉的"霍列尔·巴日肯"由很多物件组成，里面怎么会有那么多东西？

郭宝山："霍列尔·巴日肯"最早是 17 位神，17 位神汇集变成那么多东西，能装满满一个木箱子。

由于天色已晚，我们几个告辞出来，说好明天下午来找萨满举行驱邪的仪式。因为机会非常难得，征得几位当事人的同意，我参与观察了郭宝山萨满为患者进行驱邪仪式的整个过程。

20 日下午，女患者买好三只公鸡和二尺黑布，叫了一辆出租车，我们一行几个人来到郭宝山萨满家，进屋正赶上萨满躺在床上休息。过了一会儿，萨满起床与我们上车赶往女患者家。晚上 6 点钟左右到达患者家里。进屋后，女患者的丈夫出来给萨满点烟端茶水，寒暄一阵之后，萨满让人去找缮房草，现在盖房子一般都用瓦片和铁皮，所以找这些东西也用了一些时间。晚上 7 点钟左右，等东西备齐，萨满开始用缮房草编制人偶和飞鸟。主人则到厨房准备饭菜。十多分钟后，仪式草偶编制完成，一共有 1 个人偶，3 个鸟偶，3 个长形的条子（据说是象征龙）。然后把鸡从袋子里取出来，用塑料绳子扎住鸡的双腿和翅膀，使这些鸡不能动弹。公鸡被缚受疼，嘎、嘎叫成一片，声音凄厉，气氛顿时紧张起来。萨满又指派人去找了4根柳枝条，做成一个支架，放在户外的菜园子里。

萨满让女病患者坐上靠北墙的床上，面朝南坐好，把捆绑好的3只公鸡、1个人偶、3个鸟偶、3个条子从东到西依次并排放在地上。与二神商议，我唱完衬词，你就跟着唱，唱3遍，不要着急。这时萨满到外面把门打开一条缝，并叮嘱仪式做完前不要关门。

准备妥当，郭宝山萨满坐在椅子上，面向患者，取出二尺黑布拿在右手中轻轻挥动，开始唱：

> 萨满：德威克涅，德威克涅，德威克。
>
> 二神：德威克涅，德威克涅，德威克。
>
> 萨满：选择吉祥的日子，来这儿指路，德威克。
>
> 二神：德威克涅，德威克涅，德威克。
>
> 萨满：家里不太平，浑身病痛不自在，德威克。
>
> 二神：德威克涅，德威克涅，德威克。
>
> 萨满：受人祈求不得已，赶来想办法，德威克。
>
> 二神：德威克涅，德威克涅，德威克。
>
> 萨满：将千万种病痛，从房屋院落里驱走，德威克。
>
> 二神：德威克涅，德威克涅，德威克。
>
> 萨满：听我忠告，离开她的躯体，德威克。
>
> 二神：德威克涅，德威克涅，德威克。
>
> 萨满：善恶不分，附着世人身上万万不可，德威克。
>
> 二神：德威克涅，德威克涅，德威克。

萨满：脱离肩头，快到外面庭院！德威克。

二神：德威克涅，德威克涅，德威克。

萨满：世间万物各有归属，全由天神掌控，各有各的路，德威克。

二神：德威克涅，德威克涅，德威克。

萨满：多有冒犯，各种痛苦任由公鸡来负担。快离开她家的门户，送你到庭院外、苍天上，德威克。

二神：德威克涅，德威克涅，德威克。

萨满：从额头开始拍打，从手脚抽离，移送到公鸡身上，德威克。

二神：德威克涅，德威克涅，德威克。

萨满：外面已经准备好，送你升入天界，德威克。

二神：德威克涅，德威克涅，德威克。

萨满：德威克涅，德威克涅，德威克。

萨满：噢息！

萨满唱完长长地舒了一口气。虽然衬词多次出现，因为有腔有调，所以予人感觉并不单调。整个唱诵过程中，曲调悲伤凄凉，女患者听着听着，好像进入了情境，随着唱词开始悲恸流泪。唱到第三四句的时候，萨满起身走到女患者身边，用手中的黑布左右拍打她的双肩，从肩膀摩挲到手臂，顺势而下，仿佛把什么东西从身体里抽出来了一般，抛到公鸡身体里。如此反复几次，直到唱诵完毕。

萨满回头对二神说："穿上衣服，一会儿去外面。"并指示二神拿好公鸡，萨满自己拿好草编神偶，打着电筒。此时外面已经漆黑一片，偶尔能听到几声狗吠。萨满和二神走到菜园子里，把公鸡放在事先准备好的木架下，草偶放在支架后面一点。萨满又叫二神进屋取来一把刀和一个盆。然后二人站在木支架后面开始唱诵：

> 萨满：德威克涅，德威克涅，德威克。
>
> 二神：德威克涅，德威克涅，德威克。
>
> 萨满：咏唱颂词，请你们升入天庭，德威克。
>
> 二神：德威克涅，德威克涅，德威克。
>
> 萨满：恭敬地送你们，找到归宿，升入天界，德威克。
>
> 二神：德威克涅，德威克涅，德威克。
>
> 萨满：德威克涅，德威克涅，德威克。

唱完，萨满和二神开始杀鸡，将血洒在地上，割开脖子，鸡皮剥下来，带着鸡翅和鸡爪挂在架子上，3只鸡经过处理都挂在支架上，鸡肉则洗完放回锅里烹煮。

待鸡肉煮熟，装在盆里拿到挂鸡皮的支架下，萨满和二神再次开始唱诵神歌：

> 萨满：德威克涅，德威克涅，德威克。
>
> 二神：德威克涅，德威克涅，德威克。
>
> 萨满：修好了你要走的路啊，德威克。
>
> 二神：德威克涅，德威克涅，德威克。
>
> 萨满：制作了草鸟和博穆①，领你走遍四面八方，德威克。

---

① 博穆：萨满用草编织的人偶。

二神：德威克涅，德威克涅，德威克。

萨满：清醒地凝神倾听我的诉说，德威克。

二神：德威克涅，德威克涅，德威克。

萨满：知晓你委屈的心情，备尝了各种艰辛，祈求你离开这家的门户，奔走于山川河流之间，升入天庭，德威克。

二神：德威克涅，德威克涅，德威克。

萨满：好言相送往天界，如果执拗不走或再回来，德威克。

二神：德威克涅，德威克涅，德威克。

萨满：缘由病人的伤痛来到这里，如果不听劝告，让你悄无声息地灰飞烟灭，德威克。

二神：德威克涅，德威克涅，德威克。

萨满：把各种病因收好，丢在归路边的小丘上，赶紧走吧，全都走吧！德威克。

二神：德威克涅，德威克涅，德威克。

萨满：德威克涅，德威克涅，德威克。

萨满唱完，立即走上前几步，抓起几个草偶和支架一起向前抛出，然后走回屋内，特意提醒注意其他人进屋的时候不要回头看。进入屋内，开始吃煮好的鸡肉。大概半个小时之后，萨满提出回家。此时已是晚上9点多，女患者家人极力挽留，说天色已晚，明天一早送萨满回家。郭宝山萨满坚决要回家，女患者拿了一个红包放在萨满的衣兜里，还有几瓶酒和罐头。仍然是来时的出租车送他回家。据女患者介绍，萨满到外地给人治病，一般都不过夜，害怕作祟恶灵暗中加害，如果法力斗不过也有死在外边的事情，因此无论多晚都要回家。

过了有半个小时，女患者的丈夫手持电筒，到外面收拾仪式现场，草偶、鸡皮、支架一起收拾好，扔到了很远的垃圾堆儿里，至此整个仪式结束。

女患者说，感觉身体轻松了很多，不知道是心理作用还是真有效果，或者两者兼而有之吧。

附录3
达斡尔族老人闫德昌、萨满鄂老二访谈记录

地点：内蒙古呼伦贝尔市鄂温克旗巴彦塔拉达斡尔民族乡

时间：2012 年 11 月 3 日

2012 年 11 月在呼伦贝尔市鄂温克旗巴彦塔拉达斡尔民族乡走访了达斡尔族文化知情人闫德昌和巴彦塔拉乡唯一健在的萨满鄂老二。

闫德昌，男，1940 年出生，出生地在莫力达瓦旗，后搬迁到鄂温克旗巴彦塔拉乡，主要从事畜牧业，孩子都已成家立业不在身边，家里只有他们老两口，生活平淡悠闲。

由鄂温克旗旗委组织部的干事陪同前往闫德昌老人家，老人得知我们的来意后，先给我们沏好奶茶，落座之后开始交谈。

闫：我是敖拉哈拉人，过去住在莫旗那边。达斡尔人现在都分散了，莫旗有一部分，新疆也有，巴彦塔拉就是这里了。新疆塔城达斡尔人跟莫旗的一样，最近也来这里，你要早来几天就能见到他们。这里有从新疆嫁过来的人，今年都有 50 多岁了。

我问：乡里还有没有达斡尔族的萨满？

闫：现在巴彦塔拉有一个萨满，叫鄂老二，大家都这么叫，知道他大名的人反而不多了。

我问：鄂老二现在还给人看病吗？

闫：去找的话，也给看。他今年也有 60 岁左右，从我们认识他的时候就是萨满。

我问：乡里祭祀敖包的时候，萨满也去吗？

闫：去。

我问：我们这边家里供神的人家多吗？

闫：也有，达斡尔族的神就是往纸上画一个神像，就立起来了。过去莫旗那边的达斡尔人都住三间房，西屋开西窗户，窗户上面用木板固定神龛，就把神供在上面。反正是一排神位，具体是什么神就不知道了。我年轻时候就不太信神，所以家里不供这些，家里有事儿了也不找萨满，去医院。现在年轻人家里几乎都不供神了，有些上了岁数的人家里还会供神。

其他的还有锅神，如果供好这个神，家里粮食不缺，总有吃的。还有灶坑神、火神，都不一样，反正很多，都有自己的用处。

以前是这样，萨满多的时候，神就多，萨满主要靠神灵帮助来跳神。

实际上能治好什么病呢？比如感冒之类的，找萨满来看，萨满从外面进来的时候看到院子里有一头猪，就会跟病人家属说："你们家的巴日肯想要猪。"杀猪祭祀完了，萨满把热乎乎的肉汤端给病人喝下去，热汤下肚，感冒也没了，不知道的人还以为是萨满给治好的，事情大概就是这样。实际上是萨满给治好的还是热汤起的效果，谁知道呢！

我问：巴彦塔拉乡祭祀敖包的情况能否给我们介绍一下？

闫：敖包每年都祭，比如不下雨了，干旱的时候就去，六七月时。巴彦塔拉有两个敖包，两个敖包也不一样，有一个远，离这儿有40里，祭祀的时候杀羊，政府会给拨点经费。萨满有时候去，有时候也不去。按照惯例是每年都要搞祭祀，乡里谁愿意去谁就去，还有娱乐节目唱歌跳舞、摔跤的，跟蒙古祭白音呼硕敖包差不多。少数民族习惯都这样，以前达斡尔族就祭敖包，我小时候就有。

我问：这边的达斡尔人生活情况怎么样？

闫：都这样吧，都有砖瓦房，吃穿不愁的。

我问：这边人都不自己种菜吗？

闫：有种的，也有不种的。我们现在就老两口生活，也干不动了，岁数大了。主要是放牧，牧民大多都没工作，给奶站送牛奶挣生活费。

我问：您小时候见过萨满跳神吗？是怎么跳的？

闫：见过很多，萨满们说的、唱的都不太一样。"翁果尔"下凡附体的时候也昏迷，有时候跳的大汗淋漓的，敲鼓，疯疯癫癫的模样。

我问：以前，那些神灵是怎么传承的？

闫：老人供的神灵也不一定像分家那样分给孩子们，大都是有家之后自己立的。家里人得病，请萨满之后立的。都是萨满来了之后才能立，不是自己随便立的东西。先找画神像的人，过去有专门画神像的人，其他人不会。画好之后萨满才能做仪式开光。

最近萨满又开始受重视了，"文化大革命"时巴日肯都被烧了，过了二三十年也没什么事儿。现在又新出来了，现在新出的萨满又跟过去的萨满不太一样了，以前的没有了，彻底中断了二三十年，这中间说的话有可能都不太一样。

我问：过去是怎么出萨满的？

闫：有时候家里人病得不行了，到哪儿都治不好。好的萨满一看就明白，这个人要出萨满，因为这家里祖上就有萨满。出萨满的人家还要请萨满师傅，杀猪宰羊，出萨满之后病才能好。要给新出萨满手腕上系上红丝带，经过仪式就成了萨满，周围的人都知道，有事儿了也请他去跳神。刚开始的时候，要由师傅萨满带一段时间，给他领领路，经过这些之后就成了正式的萨满。此后经过神灵托梦或神示，再慢慢置办神衣法器。以前有专门制作萨满法器神服的地方，护心镜就有保护萨满的作用。

萨满跳神的时候，如果压制不住作祟的恶灵，也会受到伤害，斗不过也会死掉。萨满之间也相互斗法，比如我们从莫旗请来萨满，这个萨满住了一宿，第二天一早起来就说：这儿有一位萨满，叫什么什么名字，我不见他不行。这时家人就要请两位萨满见面，两个人交谈，其他人一般不参与。外来的萨满这时会表现得很谦卑说："这家人请我，不知道您在这里，所以才来的。请您来就是想征求您的意见，在您的辖区跳神行不行？"就是和睦相处的意思呗，确有其事。

我问：萨满去世之后的葬法、料理后事的规矩也跟一般人不一样吧？

闫：不一样，萨满死了之后也放入棺材里，萨满过世的时候不能说死了，达斡尔语叫"德勒肯尼贝"①，先埋4根木桩，离地大约有半米距离，把棺材放在上面，不入土。安葬萨满的地方，蒙古人叫"尚德"，达斡尔人叫"雅德根·德勒肯尼·嘎吉尔"②。萨满墓地以前都是在山上，这地方都是草原，哪有山？找个地势高一点的丘陵就行了。不在家

---

① 德勒肯尼贝，达斡尔语，升天之意。

② 雅德根·德勒肯尼·嘎吉尔，萨满升天的地方。

族公墓里。

我问：萨满生前使用的法衣神服怎么处置？

闫：一般都放在萨满的棺材里，装不下的放在棺材下面，棺材下面是空的。

我问：不留给下一代萨满吗？

闫：这也不一定，一般是跟着萨满的身体走，好像不是留存下来给别人用的。我是没听说有留下来的。以前也有到萨满坟地去求，做过仪式之后拿回来的。

我问：过去人们对萨满的态度是什么样的？

闫：有的村里有两三个萨满，平常时候跟正常人区别也不大，只有在神灵附体和主持祭祀时才格外受到重视。萨满看病一般都是去病人家里治病。结婚、老人丧葬时候都不请萨满，主要是治病。这个跟蒙古的喇嘛不一样，若有人去世，喇嘛都会去，给亡魂指指路，找到归宿。达斡尔萨满如果跟办事的家庭有亲属关系，被邀请之后就按亲戚关系走，跟萨满身份没有关系。

随后闫德昌老人又带我们去找萨满鄂老二。鄂老二话语不多，回答问题往往很简短，可能是由于初次见面的隔阂感造成的。

闫：我首先给你讲讲他（鄂老二）的历史，他刚来的时候还没找媳妇，他现在这个媳妇那时候有点病，精神病。他给媳妇跳神给跳好了，就这样讨得了老婆。媳妇也是莫旗姑娘。

我问：你们结婚多少年了？

鄂：有30多年了。

我问：您出萨满多少年了？

鄂：我1977年来的巴彦塔拉，今年59岁。以前住在齐齐哈尔富拉尔基，属于齐齐哈哈的达斡尔人。

我问：您出萨满是什么原因？

鄂：我们家族世世代代都是萨满，我上一代的大爷就是萨满，叫文华雅德根。

我问：您带着什么"神"走呢？

鄂：我们的"西格·巴日肯"①，"霍卓尔"。我是属于神抓萨满，年轻时候就有病，其实应该在 18 岁那年出马，没出成，到了 26 岁才正式出马成为萨满的。

我问：当时得的是什么病？

鄂：也看不出什么病，就是抬不起身子。去医院也找不出毛病，就是萨满病吧。以前在砖厂上班，最后班也上不成了，被逼得没办法才出马。出了之后，把你这个姨给治好的。

我问：您治病的时候使用"神鼓"等法器吗？

鄂：以前用过，后来都拆了，现在不用了。把神服"扎瓦"都送到莫旗那边了（博物馆）。

我问：神服是传下来的还是自己做的？

鄂：铜镜是以前就有的，衣服是自己做的。那时候家里的老太爷、老奶奶都在，是自己做的。莫旗博物馆摆放的一部分东西就是我们家的。

我问：现在不用那些法器了吗？

鄂：不用了。我现在看的都是医院治不好的病，多数是神经病，也有一部分酒精中毒的。有被"巴日肯"闹的人，喝完酒也变那样。这些病如果治"巴日肯"的话能好一些，也有这样好的。

---

① 西格·巴日肯，西格，达斡尔语为"大"之意，巴日肯为神。

我问：达斡尔族一般都供什么神？

鄂：莫旗那边达斡尔人供的比较多。

我问：齐齐哈尔的呢？

鄂：齐齐哈尔的少，也就五六种。

我问：五六种都是什么神？

鄂："西格·巴日肯"，"西格·巴日肯"就是狐仙，莫旗那边也叫"敖雷·巴日肯"。还有蛇神，又叫"朝鲁敖雷·巴日肯"①。"霍卓尔·巴日肯"、"娘娘·巴日肯"。大概就这样。

我问：莫旗的有多少种？

鄂：莫旗的可多了。有"怀玛日·巴日肯"，另外还有叫"安架子·巴日肯"的，就放在下屋里的神。还有"玛罗·巴日肯"。

我问："玛罗·巴日肯"是什么样的神？

鄂："玛罗·巴日肯"属于外来的神，姑娘出嫁的时候从娘家跟来的神。这个神是刻在木头上的，不是画的。齐齐哈尔又叫"瓦兰·巴日肯"②。这个比较多，一共由366个神偶组成。

我问：这个"巴日肯"是从鄂温克族传过来的吧？

鄂：不能这样说，神不分达斡尔的、鄂温克的。

我问："玛罗·巴日肯"治什么病？

鄂：也不要这样说，什么神闹的就治什么神。如果是因为"霍卓尔"闹的病，就治"霍卓尔"，治了之后会好。给狐仙、黄皮子闹的病，请狼神就能好，物物相克，狐狸、黄皮子看到狼就会避开，作祟的

---

① "朝鲁敖雷"直译就是"山石"之意。
② "瓦兰"为达斡尔语"繁多""众多"之意。

东西走了，病人也就好了。

我问：你们是怎么祭敖包的？

鄂：敖包就是"敖雷·巴日肯"的神位，哪座山是哪个神的，搞清楚这些之后，才能设立敖包进行祭祀。我主持祭祀的时候多数杀鸡，供品用鸡的时候多。

闫：这个以后要改改，在牧区应该杀羊才对。（众笑）

鄂：做一次祭祀杀一个不行，做一次要杀 5 个，先祭海神，然后才给"敖雷·巴日肯"。不下雨的时候就上去祭祀，祷告的时候就是祈求，多说好话。这时候参与者和观众不能吵架，那样就完了，也不能说脏话、胡言乱语，要虔诚。

我问：你们家都供哪些神？

鄂：家里一共供着 7 个神，"敖雷·西格·巴日肯"，也叫"庙·巴日肯"，两个"霍卓尔·巴日肯"，一个是鄂温克霍卓尔，这个神是很早以前从鄂温克族传过来的，过去达斡尔、鄂温克世代有姻亲关系，这个霍卓尔最早是鄂温克姑娘从娘家带过来的神。还有雅德根霍卓尔，一共有 7 个。另外还有仓房神、娘娘神等。

我问：这些神像可以拍照吗？

鄂：这个不行，实在不行到博物馆那里拍吧，都差不多。

我问：各个神治的病都不一样吗？

鄂：不一样，根据病症来选择祭祀哪个神。

我问：供神的时间上有什么区别吗？

鄂：这个没太大的区别。

我问：献祭的供品一样吗？

鄂：一般情况下有什么就放什么。

闫：我小时候，养牛马的牲畜圈里，做好拉力粥还要放在下面。那时候比较讲究，礼仪也烦琐，现在都简化了。

闫：你看病先号脉吗？

鄂：不号脉，我是用"巴日肯"看病，通过托梦等形式看病。碰到比较严重的病，都是晚上睡觉的时候看。一般到病人家里见到病人之后就要休息，也就是睡觉，第二天早上起来之后，就能告诉治病的方法。

我问：现在您治病的时候跳不跳？

鄂：不跳了，以前看病的时候跳。

我问：过去萨满的传说和故事很多，您能不能给我讲讲这方面的故事？

鄂：这些都有。

闫：鄂温克萨满跟达斡尔萨满都差不多。

鄂：嗯，差不多。走的路都一样，还有鄂伦春的。鄂伦春、鄂温克供的山神多，齐齐哈尔达斡尔人不太上山狩猎，所以，供的山神少。莫旗那边的病，大多数都是外面神闹的，家里供的一般没事儿。外面神闹的就往外跑，就像神经病患者。神经错乱都是神给闹的，是要附着在他的身上，想让他出马当萨满。我去了之后跟闹的神灵好好说，说通了病人的病就会好起来。

闫：你身体没啥毛病吧？

鄂：没啥大毛病，就是有点血压高、糖尿病。

我问：古代萨满们举行的"奥米那楞"仪式是怎么回事？

鄂：就是召集族内的小孩儿，举行的"库热"仪式。萨满们穿好神衣神帽，用绳子圈住这些小孩儿，然后在他们头上敲鼓祈祷，喷"阿尔善"圣水。经过这样的仪式，能够保佑一年里小孩儿们无病无灾，平安顺利。"阿尔善"圣水就是比较干净的水,里面放一些石头、草药之后煮沸弄成的。

闫:过去听说,海拉尔地区有一个 L 萨满,一个 Z 萨满,L 萨满是女萨满,Z 萨满是男萨满,说要举办"奥米那楞"仪式,在房间一角上放着木栏车①,在里面铺好被褥,让两个萨满进到里面,在里面待 3天,送饭的人要把饭盒挂在棍子上递进去,具体在里面做什么谁都不知道。

鄂:跳的时候要在院子里立两个托若树,然后跳好几天。

我问:达斡尔人信奉的众多神灵中哪个是最大的神?

鄂:这个分不出大小,主要是雅德根的霍卓尔,先求自己的霍卓尔,然后再召集诸神。现在萨满跳神也是这样,先找自己的霍卓尔,找完自己的霍卓尔,跳完之后再一个一个找里面的、外面的。跳的时候雅德根自己什么都不知道了。

我问:听说您经常去外地看病,到别的地方要注意些什么?外地的萨满来这里跳神您能知道吗?

鄂:去过很多地方,除了鄂温克旗,莫旗、齐齐哈尔去的比较多。萨满到外边去看病都要注意当地有几个萨满,不注意这些,有时候也会遭到几个人的围攻。比如我到莫旗这个村、那个村乱耍,这样不行。要注意这个艾力②,莫旗那边大多数都有"艾力·巴日肯",掌管该地的山川河流。巴彦塔拉西边山上也有"巴日肯",到外地都要注意,不知道这些,得罪了"艾力·巴日肯",对身体不好,治病的时候也没力气,

---

① 木栏车:带有车棚的大轮车。

② "艾力"达斡尔语"村落、村屯"之意。

治不好。

我问：到一个地方先求"艾力·巴日肯"？

鄂：这个要看跟"艾力·巴日肯"有没有关系，有关系的话，也要求。莫旗每个村子都有自己的"艾力·巴日肯"。

闫：你听说过古斯克·雅德根①吗？

鄂：不知道。

闫：在我小时候，村里有个治不好的病人，请古斯克·雅德根来看病，病人有时候痛得死去活来，村里的萨满怎么也治不好。

萨满也有好的，也有坏的，心术不正的萨满治病不给彻底治好，慢慢地折磨病人，一点一点地从病人家里要钱、要东西，钱给不够，也不给好好干。

就这样古斯克·雅德根被请来了。第二天就跟病人家属说：你们这里有两个萨满，一个是乐·雅德根，一个叫齐干·雅德根。他们都是比较有声望的萨满，齐干·雅德根是大萨满。我现在不能跳神，如果非治不可，就把这两位萨满请来。

普通人不明白怎么回事，还以为古斯克·雅德根所带的"翁果尔"法力没有那两个萨满的强。

古斯克·雅德根解释说：不是这样的道理，我到人家的一亩三分地，按规矩是他们治不好，我才可以试试。需要征求他们的意见才能决定治还是不治。

请来两位萨满，这两位萨满心中清楚，不请我们还想在这里跳神？三个人碰头之后开始商议此事，远道而来的萨满说话非常客气，不断抬

---

① "古斯克·雅德根"达斡尔语"狼萨满"之意。

举本地萨满。这样被请来的两位当地萨满非常高兴，又喝到酒了，经过商议后同意古斯克·雅德根在这里跳神治病。

就这样在院子里做仪式，请神附体。古斯克·雅德根很了不起，我们那个村里的人都非常佩服，都认为村里萨满不如他。

我小时看过古斯克·雅德根跳神，亲眼所见。那时候还小，大概过去有 60 年了。

我问：要跳多长时间？

闫：有一次从傍晚跳到深夜。这时候屋里的灯都要熄灭，点上艾蒿，满满一屋子都是人，萨满在中间跳，跳的非常高，差一点头要碰到顶棚，鼓声激烈，深夜里听着毛骨悚然，印象很深。做完仪式回家的时候，后脑勺直冒凉气，有几次因为害怕就睡在做仪式人的家里。

我问：跳完神还要送萨满回家吗？

闫：请来的，当然要负责送回去。

附录图片

图片 1　萨满文化博物馆

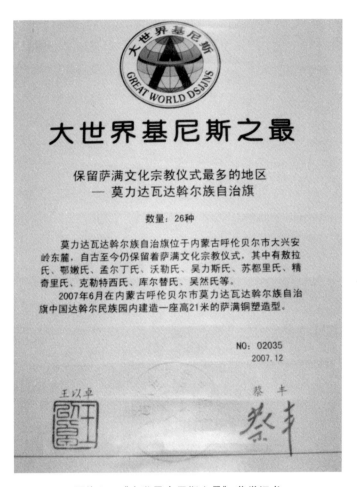

图片2 《大世界吉尼斯之最》荣誉证书

图片 3　元代鸟羽式萨满服

图片4 斯琴挂萨满在家中给人看病

图片5 草原敖包

图片 6　穿上萨满神服的斯琴挂

图片 7　达斡尔族萨满神鼓

图片 8　萨满文化传承人郭宝山

后　记

本书是在原博士论文的基础上修改而成的，文字做了一些修改，补充了相关内容，增添了三个附录。附录内容均为笔者近几年实地调查工作中对萨满的采访和萨满仪式所做的记录，面对面的接触是了解萨满心路的重要渠道，因此将它作为辅助性的参考资料附于文后，供读者参阅。

我在博士论文的后记曾这样写道："当论文收笔之时，也就意味着三年学习生活要告一段落，当头脑从繁乱的论文中解脱之时，静心思考，细细品味过去的学习生活，有几分欣慰，但更多的是遗憾，任时光匆匆流过，如果还能从头再来……"时光荏苒，转眼又"匆匆"过了好几年，因为忙于工作生计，学业无进，愧对当年师友的期许。

在读期间，获识诸多良师益友。导师赵展先生以渊博的学识引领学生进入了专业研究领域，在学习、写作论文过程中都得到了老师的悉心指导。此外，白振声教授、黄有福教授、祁惠君教授都在学业上给予过具体的指导，使我受益匪浅。

能够完成实地调查，并使学业论文如期完成，离不开很多人的默默支持与帮助。海拉尔地区的达斡尔族萨满斯琴挂，不仅让我参与观察她的宗教仪式，还对萨满医疗的基本原理给予了耐心的解答。阿尔拉镇二克浅村郭宝山萨满欣然接受了长时间的采访，并对达斡尔族神灵分类体系进行了详细的讲解。巴彦塔拉乡闫德昌老先生和鄂老二萨满的支持和帮助，使我收获很大。慈志刚博士帮助翻译了英文摘要，陶玉华教授做了认真的审校，在此一并表示感谢。

毕业之后，有幸与孟慧英研究员合作从事博士后阶段的学习和研究工作，孟老师熟悉国内外萨满教研究现状和前沿理论问题，于我有诸多启迪和影响。近百年来，古老神秘的萨满文化吸引了众多国内外学者的兴趣，研究成果层出不穷。作为该领域的年轻研究者，对萨满教的认识和理解还有很多不成熟之处，希望在以后的学习、探索过程中不断地予以完善和充实。

图书在版编目（CIP）数据

达斡尔族萨满教研究／孟盛彬著 . -- 北京：社会
科学文献出版社，2019.2
　（萨满文化研究丛书）
　ISBN 978 - 7 - 5201 - 4267 - 0

　Ⅰ．①达…　Ⅱ．①孟…　Ⅲ．①达斡尔族 - 萨满教 - 研
究 - 中国　Ⅳ．①B933

　中国版本图书馆 CIP 数据核字（2019）第 016485 号

·萨满文化研究丛书·

达斡尔族萨满教研究

著　　者／孟盛彬

出 版 人／谢寿光
项目统筹／宋月华　范　迎
责任编辑／范　迎

出　　版／社会科学文献出版社·人文分社（010）59367215
　　　　　　地址：北京市北三环中路甲 29 号院华龙大厦　邮编：100029
　　　　　　网址：www. ssap. com. cn
发　　行／市场营销中心（010）59367081　59367083
印　　装／三河市尚艺印装有限公司

规　　格／开 本：787mm×1092mm　1/16
　　　　　　印 张：15.75　字 数：195 千字
版　　次／2019 年 2 月第 1 版　2019 年 2 月第 1 次印刷
书　　号／ISBN 978 - 7 - 5201 - 4267 - 0
定　　价／98.00 元